S

Bocca Piccola

P. del Capo

Monte Tiberio

Palazzo di Tiberio
Villa Jovis (rov.)

S. Maria d. Soccorso

Grotta di Tiberio

LO CAPO Torre del Faro

MONETA

Marina Grande

Costanzo Staz.

(Standseilbahn)

S. Michele (rov.)

Grotta Meravigliosa

Grotta Bìanca

CAPRI *LA CROCE* Arco Naturale

Staz.

Pal.Cerio S. Stevano

MATERMÀNIA

Cala di Matermània

ETIELLO

S. Teresa

Grotta di Matermània

Certosa di S.Giacomo

Grotta di Massullo

Villa Malaparte P. Massullo

Marina Piccola

Grotta Porto di Tragara

Porto di Tragara

Scoglio del Monacone

Villa Monacone

Faraglione di Terra

P. di Tragara

Faraglione di Mezzo

Faraglione di Fuori

lo

T Y R R H E N I S C H E S   M E E R

nach Ischia, Neapel, Sorrento und Po...

mare

Claretta Cerio

Mein Capri

mare

Die Deutsche Nationalbibliothek verzeichnet
diese Publikation in der Deutschen Nationalbibliografie;
detaillierte bibliografische Daten sind im Internet
unter http://dnb.ddb.de abrufbar.

4. Auflage 2021
© 2010 by mareverlag, Hamburg
Karte Peter Palm, Berlin
Typografie und Einband
Farnschläder & Mahlstedt, Hamburg
Schrift Guardi
Druck und Bindung CPI books GmbH, Germany
ISBN 978-3-86648-134-3

www.mare.de

Haec scripsi non otii abundantia,
sed amoris erga te. –

Dieses schrieb ich nicht aus Überfluss
an Muße, sondern aus Liebe zu dir.

Cicero, Briefe an Tullia

Zimmer Nr. 8

Es war Zimmer Nr. 8, in dem 1896 meine Mutter, 1927 ich und 1953 meine Tochter Silvia geboren wurden. Nicht dass jemand in der Familie die Absicht gehabt hätte, damit eine besondere Tradition für Wöchnerinnen zu etablieren, sondern es ergab sich einfach so, weil Nr. 8 zur untersten Terrasse hinausging und ein Neugeborenes hier ungestört schlafen würde. Das Zimmer war nur über andere Terrassen und das Auf und Ab von etlichen Außentreppen zu erreichen, was jedoch keinem der Hausbewohner etwas ausmachte.

Die 1889 von unserem Großvater August Weber an der Marina Piccola auf der Südküste von Capri erbaute weitläufige, verschachtelte, mit dauernden Ergänzungen erweiterte Strandpension entsprach nicht den zweckmäßigen Richtlinien eines normalen Bauwerks. Sie hatte den Vorzug einer unvergleichlichen Aussicht – Faraglioni, Felsenstrand, Meer erschienen so unmittelbar, als zählten sie zur Ausstattung jeder der Räumlichkeiten –, aber der Bauherr hatte bei allen, die in seinem Haus leben würden, gute Beine vorausgesetzt. Seine eigenen waren jedenfalls ausgezeichnet. In seinen Erinnerungen schreibt er: »Fünfmal bin ich von Neapel nach München hin- und zurückgewandert, einmal von Neapel nach Messina, ein andermal nach Palermo, auch dann immer zu Fuß.« Bestimmt kannte er *Spaziergang nach Syrakus* von Gottfried Seume, seines im wahren Sinne des Wortes Vorgängers, der 1802 von Grimma in Sachsen nach Syrakus in Sizilien hin- und zurückwanderte, sechstausend Kilometer in neun Monaten, und darüber einen Bericht schrieb, der für die Deutschen zu einem kleinen Klassiker wurde. Er endet mit der befriedigten Feststellung: »… dass ich mit den nämlichen Stiefeln ausgegangen und zurückgekommen bin, ohne neue Schuhe ansetzen zu lassen, und dass diese noch das Ansehen haben, in baulichem Wesen noch eine solche Wanderung mitzumachen.«

Zu Webers Zeiten waren auf der Insel alle gut zu Fuß, wie hätte man sonst die steilen, felsigen Pfade bewältigen können, denn die einzigen Verkehrsmittel waren Pferdedroschken – *le carrozzelle* – und galten zudem als Luxus, den sich nur die Fremden – *i forestieri* – leisteten.

Als ich 1953 zur Entbindung in Zimmer Nr. 8 einzog, lebte August Weber längst nicht mehr, aber die Strandpension war im Wesentlichen unverändert: Was ihr von Webers Nachkommen, je nach Eingebung, da und dort an Kämmerchen, Stufen und Terrassen angebaut worden war, fügte sich trotz der unrationellen Planung mit Charme vollkommen in das Gesamtbild des Hauses ein.

Auch Concettina wirkte seit der Zeit meiner Kindheit im Wesentlichen unverändert, natürlich schwerfälliger und völlig ergraut, aber gewohnt autoritär und selbst in den dramatischsten Situationen unerschütterlich, denn eine *mammana* (gewissermaßen eine *mamma* in höchster Potenz), wie im Capreser Dialekt eine Hebamme heißt, benötigt gute Nerven. Concettina hatte schon meiner Mutter bei meiner Geburt beigestanden, nun war ich an der Reihe, mich von ihr unterstützen zu lassen. Dass sie so ziemlich allen Capresen meiner Generation auf die Welt geholfen hatte, erklärte die ruppige Vertrautheit, mit der sie dann jeden auch seit Langem Erwachsenen streng kommandierte.

Behäbig trat sie in mein Zimmer, ließ sich auf einen Stuhl fallen, um zu verschnaufen, und erging sich in einem ausführlichen Bericht über ihre Gesundheit, die nicht mehr so wie früher wäre. Als ich sie vorsichtig unterbrach: »Ich verspüre jetzt Schmerzen …«, blieb sie sitzen und wischte meine Mitteilung ungerührt beiseite: Nur Geduld, das sei noch nicht mal der Anfang, bis zu den richtigen Wehen sei es noch lange hin. »Vorläufig hast du nur *i dolori mosca.*« Ich begriff, dass in der süditalienischen Hebammenfachsprache mit der Bezeichnung *mosca,* also Fliege, meine Schmerzen auf die Bedeutungslosigkeit eines Insekts heruntergespielt wurden, und ich fragte mich beklommen, welches Tier den Höchstgrad in dieser zoologischen Schmerzensskala versinnbildlichen würde – Anakonda, Rhinozeros, Blauwal?

Silvia, meine Tochter, hat ihr Kind in einer Klinik in Rom geboren, und auch auf Capri suchen alle Frauen nun seit Jahrzehnten zur Niederkunft ein Hospital auf, in dem ihnen ärztlicher Beistand und die entsprechenden Hilfsmittel für jeden medizinischen Notfall gewiss sind. Sehr vernünftig, nicht abzusehen, was bei einer Geburt alles schieflaufen kann – Concettina in allen Ehren.

Damals, 1953, wurde man jedenfalls zu Hause entbunden. Wenn man aber wie ich, trotz der primitiven Assistenz und Hilfsmittel, Glück hatte und alles gut verlief, war es doch sehr schön, in Zimmer Nr. 8 zu liegen, entleert-erfüllt, das kleine unbekannte Wesen in der Armbeuge, statt in der keimfrei nüchternen Reizlosigkeit einer Klinik. Hier fächelte die Meeresluft durch die offene Terrassentür den Duft sonnenwarmer Kräuter am Steinabhang herein, und vom Bett aus hatte man alles im Blick, die offene See, links und rechts eingerahmt von den Felsensilhouetten der Punta Mulo und der Faraglioni.

Ich wusste, es war dasselbe Schauspiel, welches die beiden Wöchnerinnen vor mir in Nr. 8 gekannt hatten, und uns drei verband auch diese einzigartige Gemütsverfassung des Augenblicks – eine animalische Befriedigung, so etwas wie ein Urgefühl.

Ein Foto zeigt meine Mutter Maria, erschöpft und strahlend, mit mir, und ich gleiche einer kleinen Mumie, ganz verschnürt in den meterlangen Leinenbandagen, von denen die Bezeichnung Wickelkind herrührt und die zu meiner Geburt auf Capri noch obligat waren. Wir liegen eng beisammen in einem der massigen Eisenbetten, die zur Aussteuer von Marias Mutter Raffaela gehörten.

Ich habe Raffaela, meine capresische *nonna,* um die August Weber sieben Jahre freien musste (»so lange, wie im Alten Testament Jakob um Rachel warb«, schrieb er in seinen Erinnerungen), nicht mehr kennengelernt, und von ihr als Wöchnerin gibt es kein Foto. Aber bestimmt lag sie wie ihre Tochter Maria auf dem hohen eisernen Bettgestell. Ich hatte inzwischen ein hölzernes Bett, die einzige sozusagen fortschrittliche Erneuerung, im Übrigen jedoch war die karge Ausstattung des Zimmers gleich geblieben: schmucklose weiße, mit Kalkmilch getünchte Wände, eine alte Kommode, ein paar Stühle mit geflochtenen, durchgesessenen Sitzen und für den Fußbodenbelag sparsamkeitshalber aus verschiedenen Restbeständen zusammengewürfelte Fliesen, die einen bunten Flickenteppich ergaben.

Ich genoss die Stille, meine Müdigkeit und dabei diese beruhigende, einträchtige Empfindung, als wären wir drei durch die Generationen miteinander hier in Zimmer Nr. 8 vernabelt. Mir fiel ein Buch von Anne Morrow ein, der Frau des Piloten Lindbergh, in dem sie von ihrem Leben erzählt: *Gift from the Sea*. Ich hatte es als Mädchen gelesen und besitze es nicht mehr, habe es irgendwann weitergeschenkt, aber was sie bei der Geburt ihres Kindes empfunden hatte, ist mir in Erinnerung geblieben, und damals war es mir verstiegen vorgekommen. Sie schrieb, wie eine leere Muschel habe sie sich gefühlt, durch die das Meer sanft flutet, spült, strömt. Nun nahm ich mich selbst so wahr, wie Anne Morrow sich gesehen hatte: im Meer, diesem Fruchtwasser von uns allen.

❧

Zimmer Nr. 8 gibt es nicht mehr, und ebenso ist die ganze Strandpension abgerissen worden. Das Vergehen liegt in der Natur der Dinge, und ich beklage es nicht. Meine Erinnerungen an unser einstmaliges Haus sind jedenfalls viel resistenter, sie haben es überdauert, und obwohl es gänzlich verschwunden ist, lassen sie mich weiterhin darin leben. Die Vergangenheit begleitet mich ständig und leistet mir Gesellschaft, denn es ist so, wie der englische Schriftsteller John Berger sagt:

»The past is not behind, it is always at the side.«

Capri eins und zwei

༜

För uns vier Geschwister war während der Kindheit Westerland auf Sylt unser Wohnort und Deutschland unsere Heimat. Wir sprachen von klein auf mit unserer Mutter italienisch und verlebten zweimal im Jahr mehrere Wochen bei unseren capresischen Verwandten, aber »Zuhause« bedeutete damals für uns die nordische Insel, und das änderte sich auch nach dem frühen Tod unseres Vaters nicht, der siebenunddreißigjährig 1934 starb. Nie hätte unsere Mutter seinen Bestimmungen zuwidergehandelt, deshalb blieb Capri weiterhin Ferienziel und eine Ausnahme, und Westerland war Alltag, unser normaler Lebensbereich mit seinen Regeln und Pflichten, vor allem der Schule.

Um für unseren Unterhalt zu sorgen, hatte unsere verwitwete Mutter die kleine, von unserem Großvater gegründete Friesenkeksfabrik übernommen, und durch diese Arbeit konnte sie in ausreichendem Maße für uns sorgen. Da brach der Krieg aus, für die Herstellung von Friesenkeks bekam man keine Zutaten mehr, die Produktion musste eingestellt werden, und der Bäcker, die Packerinnen und das Ladenfräulein wurden zum Kriegsdienst einberufen. Ohne Einkommen war uns auf Sylt die Lebensgrundlage entzogen, und unsere Mutter beschloss, vorläufig mit uns Kindern nach Capri in die Pension Weber zu ihrer Schwester zu ziehen, um das Ende des Krieges abzuwarten, das sie als baldig voraussah.

Wie bekannt dauerte der Krieg sechs Jahre. Während dieser Zeit rückte Westerland, besonders für meine jüngeren Geschwister, in nebulöse Ferne ab, und als endlich der Friede kam, gab es dort oben im Norden nichts mehr, zu dem wir hätten zurückkehren können. Inzwischen, fast unmerklich, war Capri unser »Zuhause« geworden.

❦

In meinem Bewusstsein gibt es zwei Capri. In das eine bin ich hineingeboren; das andere ist, wenn man so sagen kann, das Resultat meiner eigenen Entschlüsse, Neigungen, Instinkte, Begegnungen.

Capri eins wurde mir in die Wiege gelegt, denn unsere Mutter, die auch in den Jahren ihrer Ehe in Deutschland eine sehr enge Bindung zu ihrer italienischen Heimat behalten hatte, bezog uns Kinder in alles ein, was ihr die Insel bedeutete.

Am Anfang des Lebens ist man aufnahmebereit und wissbegierig, unbelastet von Vorurteilen, und die Eindrücke, die man in der Kindheit sammelt, sind so wesentlich, weil sie zu einem Bestandteil der eigenen Persönlichkeit werden. Auf Capri lernten wir Geschwister die Welt kennen, die schon das Wesen unserer Mutter geprägt hatte. Dazu gehörte die weitverzweigte capresische Verwandtschaft, mit der uns die für Katholiken unerlässlichen Riten von den Taufen bis zu den Beerdigungen verbanden. Zu jedem Anlass des Familienlebens und der Kalenderfeiern waren besondere Gerichte, Süßigkeiten und Getränke vorgeschrieben – keine Hochzeit ohne *timballo di maccheroni,* unweigerlich *capitone* zu Heiligabend und zu allen Gelegenheiten die *confetti* genannten Zuckermandeln.

Auch die Besuche mit unserer Mutter bei den über ganz Capri verstreut wohnenden Angehörigen folgten Bräuchen und Konventionen und prägten sich uns Kindern mit eigenen Gerüchen, Düften, scharfen Aromen und der ganzen Skala der Geschmacksempfindungen ein – von der leckeren *pastiera,* einem saftigen Osterkuchen aus Weizenkeimlingen, zu den unerträglich klebrig-süßen *struffoli,* den frittierten Teigkugeln, die man in der Region um Neapel zu Weihnachten isst.

Selbst wenn es Gewohnheiten gab, die wir Kinder weniger mochten, wie die Küsse auf beide Wangen bei Begegnung und Abschied der immer zahlreichen Anwesenden oder dass man bei Einladungen zu Mahlzeiten, ohne gefragt zu werden, eine weitere Portion aufgetischt bekam, so hatten auch diese ihren Reiz, denn wir fühlten ja, dass Küsse und Vollstopferei Liebesbeweise waren.

Am meisten lag unserer zutiefst gläubigen Mutter am Herzen, dass wir die Kirchenfeiern miterlebten, und in dieser Hinsicht boten die katholischen Religionszeremonien, die in Süditalien das ganze Jahr hindurch inszeniert werden, eine Folge von festlichen Höhepunkten. Wir vier hatten nicht die mütterliche Veranlagung zur Mystik und

Transzendenz geerbt. Der allmächtige Herrgott, an den man laut Katechismus glauben sollte, war uns zu abstrakt. Besser vorstellbar fanden wir seinen Sohn und die Heiligen, und die Capresen dachten wohl auch so, denn Gottvater spielte weiter keine Rolle in der Vielfalt der religiösen Feste, die wunderbar theatralischen Vorführungen glichen und an denen wir begeistert teilnahmen.

Die Osterwoche war eine einzige Sequenz von Ritualen. Um nur ein paar zu nennen: die Segnung der mit Konfekt verzierten Palmenzweige zu Palmsonntag; *le sette chiese*, der Besuch von sieben Kirchen zu einem kurzen Gebet vor den in der Trauerzeit mit violetten Tüchern verhüllten Kreuzen; am Gründonnerstag die Fußwaschung von zwölf Männern aus dem Altersheim vonseiten des Bischofs; in der Karfreitagnacht die dramatische und von dumpfer Trauermusik untermalte Prozession, bei der eine aufgebahrte, sehr realistische Christusfigur durch die Straßen getragen wurde; am Ostersonntag dann Hochamt, Orgelmusik, Weihrauchwolken und Hosianna. Leider gehörte es damals auch zur Zeremonie, kleine Vögel aus den Hosentaschen zu ziehen, die, freigegeben, als Symbol für die Auferstehung Jesu – der das sicher verabscheut hätte – erschrocken zur Kuppel aufflatterten und sich an den bunten Fensterscheiben die Köpfe einschlugen.

Jede Prozession hatte ihre Eigenheiten: Die Silberbüste des capresischen Schutzpatrons San Costanzo wurde über einen Teppich von kunstvoll zu Mustern ausgelegten Blütenblättern durch die Straßen getragen; die *Festa della Libera* an der Marina Grande zu Ehren der Madonna, von der man ertragreichen Fischfang für das kommende Jahr erbat, begleitete ein ohrenbetäubendes Feuerwerk – und das merkwürdigerweise bei Tag und praller Sonne, wenn der Lichteffekt gänzlich verloren ging und nur die Knallerei blieb. Unter den Bruderschaften, die in den Umzügen mitgingen, erkannten wir auch unsere capresischen Verwandten, männliche wie weibliche. Je nach Bruderschaft mit schwarzer Kapuze, im Mönchsgewand, mit blauem Schleier, als Pilger oder sonst wie kostümiert, trugen sie alle eine brennende Kerze vor sich her. Wir winkten ihnen vom Wegrand zu, aber sie waren ganz in ihre Rolle versunken und ließen sich nicht ablenken.

Die Beziehungen zur capresischen Verwandtschaft sowie die nach den auf der Insel gültigen Bräuchen begangenen katholischen Gedenktage und Zeremonien bestimmten die traditionelle, ihrem Geburtsort verhaftete Seite unserer Mutter. Komplementär dazu und genauso prägend für ihren Charakter existierte die andere, nämlich ihre sehr freie, völlig vorurteilslose und originelle Lebensauffassung, die man bei einem Vater wie August Weber wohl erwarten musste.

Er hatte den Inbegriff eines Aussteigers abgegeben – zu seiner Zeit (1846–1928) fehlte die entsprechende Benennung noch, nicht jedoch der Menschentyp – und war dem gutbürgerlichen Elternhaus in München, einer Karriere, den gesellschaftlichen Zwängen und allem, was ihm dort sonst noch die Luft abschnitt, entflohen, um sich auf Capri neu zu erfinden. Wir Enkelkinder haben ihn nicht mehr erlebt und sind trotzdem unter seiner Obhut aufgewachsen, in seinem Geist und in dem einzigartigen, unmöglichen Haus, das er an der abgelegenen, damals nur auf einem schmalen Pfad erreichbaren Marina Piccola nach und nach errichtet hatte.

Als das frisch erbaute Haus eben aus den ersten drei Räumen bestand, tauchte eines Tages eine junge amerikanische Malerin auf und verlangte, ein Zimmer zu mieten. Das sollte sie dann fünfunddreißig Jahre lang bewohnen, bis zu ihrem Tod, und August Weber schrieb in seinen Erinnerungen: »… so eröffnete ich mit einem einzigen Gast und einem einzigen Zimmer die Strandpension.«

Aus diesem Anfang entstand so planlos und schicksalsgesteuert, wie beinahe alles in seinem Leben geschah, eine Künstlerherberge, die dem Wesen und den Vorstellungen ihres Besitzers entsprach, denn tatsächlich verirrten sich, magisch angezogen, immer die passenden Kunden zu ihm, Menschen, die musisch begabt, ausgefallen und interessant waren wie er. Auch nach seinem Tod blieb in der Pension die Aura seiner eigenartigen Persönlichkeit erhalten, eine astrale Präsenz, mit der wir Geschwister schon in der frühen Kindheit vertraut waren und umso mehr dann, als bei Kriegsausbruch Capri unsere Heimat wurde. Wir hatten das Glück, in der von ihm stammenden besonderen Atmosphäre des Hauses aufzuwachsen, zu der einige der ungewöhnlichen Gäste ihren Teil beitrugen, und die Erinnerungen an die Umwelt jener Jahre begleiteten uns, nachdem wir selbst längst »aus dem Haus« waren.

So weit Capri eins.

Capri zwei begann für mich mit dem Ende des Krieges im Juni 1945, als die Mutter und wir Geschwister nach zweijähriger Abwesenheit aus Tirol zurückkehren konnten, wohin wir von Capri geflüchtet waren, um 1943 nicht als »feindliche Ausländer« in einem Lager interniert zu werden.

Ich war achtzehn, schrieb mich auf der Universität in Neapel ein und wohnte zwar noch einige Jahre an der Marina Piccola in unserer Pension, hatte aber während des Tages im Palazzo Cerio, nahe der Piazza, zwei Zimmer zur Verfügung, um ungestört zu studieren.

In dem Sommer erlebte ich alle wesentlichen Vorbedingungen, die nötig waren, um Capri zwei zu entdecken, auf einmal: Ich war erwachsen, der Krieg mit seinen Zwängen, Entbehrungen, Sperren – ein Drittel meines bisherigen Lebens hatte unter seinen Vorzeichen gestanden – war endlich vorbei, und ich lernte meinen späteren Mann, den Schriftsteller, Architekten und Lokalhistoriker Edwin Cerio kennen.

Jetzt erst ging mir auf, was diese Insel alles zu bieten hatte an historischer Vergangenheit, an naturwissenschaftlicher Vielfalt und Besonderheit, an durch Jahrhunderte angesammelter Literatur und Malerei. Aber vor allem erschien mir Capri nun wie ein unerschöpfliches Reservoir an Menschen, ein Kaleidoskop von Schicksalen, eine Bühne, auf der in einem fortwährend wechselnden Schauspiel Stars, Primadonnen, Charakterdarsteller, Komparsen und Schmierenkomödianten ihre Premierenvorstellung gaben.

Ich habe viel über Capri geschrieben, angefangen mit meiner Dissertation 1950, für die ich 144 deutsche Autoren ausfindig machen konnte, die bis zu dem Zeitpunkt die Insel geschildert hatten – eine Anzahl, die sich seither ständig vervielfacht.

Im Laufe der folgenden Jahre habe ich mir dann Capri immer wieder zum Thema genommen, unter anderem mit einem Überblick der historischen Vergangenheit, von den mythischen Teleboern über die römischen Kaiser und alle folgenden Eroberer bis zu unseren Tagen, mit verschiedenen Führern über die Insel, als Schauplatz von Romanen, mit Texten zu Bildbänden, mit Biografien von einigen der originellen Menschen, die hier ihre Wahlheimat gefunden haben.

Bei allen diesen Schriften habe ich darauf geachtet, das jeweilige Sujet ganzheitlich, zusammenhängend, möglichst komplett zu Papier zu bringen, um ein in sich abgerundetes Bild zu vermitteln. Aber von Capri und meiner eigenen Beziehung zu dieser Insel organisch und abgewogen zu erzählen, gelingt mir nicht, weil ich mit diesem Stoff zu sehr verwoben bin und mir der nötige Abstand fehlt. So besteht *Mein Capri* aus Fragmenten, Streiflichtern, Impressionen, Emotionen, aus Informationen, die sich mit Erinnerungen verzahnen, aus Betrachtungen und Ansichten, aus Gedankenverbindungen, und folglich ist es ein Konglomerat, ein sehr subjektives, vermengtes Gebilde, regellos und gefühlsbestimmt.

Ultima Thule

Die dramatische, vielartige Schönheit Capris hat Jahrtausende hindurch die Fremden angezogen, und manche unter ihnen verfielen rettungslos dem Zauber der Landschaft und der *dolce vita,* sodass die Geschichte von dem Besucher, der nur zu einem Tagesausflug landete und dann für immer hier blieb, sich so häufig wiederholt hat, bis sie nunmehr zu den Topoi der Inselannalen zählt.

Wer nicht mehr wegwollte, ließ sich nieder, und das machte jeder dieser Wahlcapresen auf seine Art. Meist spielten die verfügbaren Geldmittel bei der Wahl einer Bleibe die entscheidende Rolle, aber manch einer zog eine unkonventionelle Unterkunft auch deshalb vor, weil sie seiner Weltanschauung entsprach, wie im Fall von August Weber. Der muffig-biederen Wohlanständigkeit der bayrischen Heimat entflohen, sah er sich als Naturmensch, und dazu passte, dass er sich während seiner ersten acht capresischen Jahre in einer Grotte auf der Marina Piccola häuslich einrichtete, Nonsens-Gedichte schrieb, seine vegetarischen Suppen in einem Topf kochte, den er »Mihi et musis« beschriftet hatte, und die Goldtaler, die ihm die begüterte Familie aus München schickte, nicht antastete.

Grotten waren damals überhaupt die bevorzugte Behausung jener Deutschen, die sich, wie man heute sagen würde, als alternativ empfanden und die den Hurrapatrioten der Gründerzeit den Rücken gekehrt hatten, um auf Capri die Botschaft ihrer abstrusen Lehren zu verkünden. Der deutsche Aussteiger Miradois gehörte dazu, und er hauste lange mit seiner Ziege in der Mithrasgrotte, bevor er dann zu seiner Frau in die *Villa Monacone* zog, wo es doch bequemer war. Er hieß schlicht Gustav Döbrich, fand jedoch den Namen Miradois, wie eine Gasse in Neapel hieß, passender für den Nachfolger des Messias, der er zu sein glaubte.

Die Liebhaber der Grotten blieben natürlich Ausnahmen. Alle anderen Fremden, die auf der Insel für den Rest ihres Lebens oder zeitweise Quartier nahmen, wohnten vernünftigerweise in einem Haus. Der antike Dichter Terentius Maurus behauptete, Bücher hätten ihr Schicksal – Gleiches gilt auch für viele Häuser auf Capri. Deren Schicksale mit den Geschichten und Begegnungen, die sich in ihnen ereignet haben, muten wiederum wie Bücher an. Manche Häuser gleichen einem ausufernden, protagonistenreichen Roman, andere ähneln einer Novellensammlung verschiedener Autoren; es gibt Krimis und sogar Thriller unter ihnen, und so manches capresische Haus hat, zumindest als Fußnote, seine Bedeutung in der Kulturgeschichte erlangt.

Der Prototyp der Villenbesitzer auf Capri war Tiberius, und was sich hinter den Mauern der *Villa Jovis,* des kaiserlichen Palastes auf dem Monte Tiberio, abgespielt haben könnte, hat den später geborenen Historikern, Schriftstellern und Dramatikern endlos Stoff zur Kolportage geboten. Der Dichter Friedrich Rückert verbrach die Verse:

>»Zur Linken fernhin schloss der Golf
>Die Insel Capri, wo der Wolf
>Tiberius versteckt im schroffen
>Geklipp in scheußlichen Lüsten ersoffen.«

Entsetzlich – dem bekannten Verfasser meist formvollendeter Verse und Professor für orientalische Sprachen, von denen er selbst dreißig beherrschte, hätte man so etwas nicht zugetraut. Aber der einsame, misanthropische Kaiser wäre weder über Rückerts miserable Zeilen noch über die Schmähungen seiner vielen Biografen erstaunt gewesen – er erwartete von seinen Mitmenschen sowieso nur das Schlechteste.

Doch nicht nur in der *Villa Jovis* stecken zahllose literarische Sujets. Die *Villa San Michele* in Anacapri bot ihrem Erbauer, dem schwedischen Arzt Axel Munthe, genug Stoff, um einen ganzen Roman zu verfassen: *Das Buch von San Michele*. Dieses Buch, 1929 erschienen, lange ein Bestseller und noch heute im Handel, enthält alle günstigen Ingredienzen zur Konfektion eines Welterfolgs. Mit der Gewähr persönlicher Erfahrung (und Memoiren von Ärzten haben ohnehin beste Chancen beim Lesepublikum) verflicht der Autor die verschiedensten zugkräftigen Elemente: seine Verehrung für den tierliebenden heiligen Franziskus, von ihm behandelte Krankheitsfälle der Damen höherer Gesellschaft (meist neurotischer Natur, nicht umsonst war Munthe ein Zeitgenosse Freuds); seine seherischen und mystischen Eingebungen, welche ihn angeblich auch die steinerne Sphinx aufspüren ließen, die seine Villa schmückt; die im Nordländer verwurzelte, unstillbare Sehnsucht nach dem Süden. Als er gegen Ende des Buchs schildert, wie er sich auf Capri niederließ, erreicht das Munthe'sche Pathos seinen Gipfel: Unentwegt mildtätig Rat spendend, habe er den Dank und die kindliche Liebe der Anacapresen zu ihm, ihrem Wohltäter, verspürt. – Nachdem Munthe sein Leben auf Capri also bereits erschöpfend behandelt hat, bleibt mir über ihn und seine Villa nichts mehr zu sagen.

Auch der deutsch-italienische Schriftsteller Curzio Malaparte (eigentlich Kurt Erich Suckert, Autor der Erfolgsbücher *Kaputt* und *Die Haut*) war, als er sich auf Capri ein Haus bauen ließ, mehr auf dessen Außenwirkung als auf seinen Wohnkomfort bedacht. Dass er es *Casa come me* nannte, passt genau, denn es wurde zum architektonischen Ebenbild seines Charakters, einem Spiegel, in dem der Narziss sich selbst bewunderte. Er schien immer auf einer Bühne zu stehen und um sein Publikum zu werben, auch in seinen effektheischenden Büchern, mit denen er, wie seine Leser begierig erwarteten, die Tugendrichter, den Vatikan und alle politischen Parteien gleichermaßen vor den Kopf stieß. Sein *Casa come me* erregte von Anfang an die Gemüter, weil es ungeachtet des Bauverbots auf der unter Naturschutz stehenden Punta Masullo errichtet wurde und weil Malaparte es nach eigenem Gutdünken zu Ende baute, nachdem er sich mit dem bekannten Architekten Adalberto Libera zerstritten hatte. Das Haus blieb in den Schlagzeilen und sorgte selbst nach dem Tod seines Erbauers noch für einen Eklat, als herauskam, dass die kommunistische Republik China es geerbt hatte.

Seitdem Malaparte gestorben ist, sieht es so aus, als hätte *Casa come me* die Nachfolgerschaft seiner Renommiersucht übernommen, denn es führt, ganz in seinem Sinne, ein brillantes Eigenleben im mondänen Scheinwerferlicht weiter. Als Musterbeispiel der italienischen Architekturavantgarde aus den Dreißigerjahren gerühmt, erscheint es in einschlägigen Publikationen und Bildreportagen der Hochglanzmagazine, und für internationale Produktionen gibt es die Szenerie zu immer neuen Filmen ab. Für viel Geld kann man es auf kurze Zeit mieten, und Stardesigner, Finanzmagnaten, Modeschöpfer und jede Sorte Prominenz reißen sich darum, ihr Image bei Fototerminen und Interviews vom Glanz des Hauses polieren zu lassen. Bestimmt käme keiner der temporären Bewohner auf den Gedanken, in *Casa come me* zu kochen, Wäsche zu bügeln, Kreuzworträtsel zu lösen oder zu tun, was man in einem normalen Haus sonst so tut.

¿?

Der französische Ästhet und Dichter Graf Jacques d'Adelswärd-Fersen verwirklichte sich mit dem Bau der *Villa Lysis* auf dem Abhang des Tiberiusbergs sein persönliches Luftschloss. Skandalumwittert, opiumsüchtig und kunstsinnig, landete Fersen auf Capri wie eine Gestalt aus einem dekadenten Roman: ein Dorian Gray, bildschön, exquisit und überfeinert, mit dem Wunschtraum der ewigen Jugend. Die

Villa, die er mit unendlicher Sorgfalt in jeder raffinierten Einzelheit erbaute, geriet, ähnlich wie bei Malaparte, zur plastischen Quintessenz seiner Persönlichkeit. Viele Aufnahmen seines Hoffotografen Wilhelm von Plüschow zeigen ihn mit seinen Gefährten – antikisierend als blumenbekränzte Epheben aufgemachten Jünglingen – in dem mit Teppichen, Statuen und von seinen Reisen mitgebrachtem orientalischem Zierrat bestückten Dekor seines Hauses.

Der Graf nahm sich noch jung das Leben, um der Hässlichkeit des Alterns zu entgehen. An seiner Stelle ist inzwischen – trotz des Faceliftings wiederholter Restaurierungen – die *Villa Lysis* rettungslos vergreist, wie das Bildnis in Oscar Wildes Roman.

Das Schicksal des Hauses am Abhang des Monte San Michele, das wegen seines Anstrichs in pompejanischem Rot *Casa Rossa* heißt, liefert Stoff für sehr unterschiedliche dramatische Genres – für ein Lustspiel genauso wie für eine Tragödie.

Man würde dem großen Biologen Emil von Behring, dem die Seren gegen Diphtherie und Tetanus zu verdanken sind, keine Frivolitäten zutrauen, und doch geschah es, dass er, von einer Dienstreise aus Paris kommend, unvermutet in Monte Carlo ausstieg, ins Spielkasino ging und einen großen Gewinn machte. In froher Laune beschloss er daraufhin, einen Abstecher nach Italien zu unternehmen, und kaum auf Capri angelangt, kaufte er mit dem gewonnenen Geld das Haus *Casa Rossa.* Zufall und Fortüne sind probate Ingredienzien von Lustspielen, und das ungemein gute Omen des Anfangs seiner Geschichte auf Capri wurde zu einer dauerhaften Glückssträhne. Sie begleitete Heilserum-Behring, wie ihn seine deutschen Freunde auf der Insel nannten, fast zwanzig Jahre lang, in denen er, sooft es der Beruf zuließ, in sein *buen retiro Casa Rossa* zurückkehrte und von den Capresen gefeiert und verehrt wurde.

Während einer seiner längeren Abwesenheiten vermietete er 1906 das Haus an ein russisches Paar, den Schriftsteller Maxim Gorki und die Schauspielerin Maria Fjodorowna Andrejewa. Der auf Befehl des Zaren aus der Heimat verbannte berühmte Autor und seine schöne Gefährtin waren gesellig und ungemein gastfreundlich, sie feierten ausgelassene Feste mit den zahlreichen Landsleuten ihres Freundeskreises, die aus Russland zu Besuch kamen und wie die Gastgeber begeistert sangen und tranken. Umgänglich und gut gelaunt, immer zu Späßen aufgelegt, machten sich diese Russen bei den Capresen sehr beliebt. In den Mondscheinnächten pilgerte die bereits weinbeschwingte Schar, ihre schwermütigen Volkslieder singend, zum Meeresufer der Marina Piccola, und die ganze Leidenschaftlichkeit der russischen Seele klang in ihren Stimmen durch die Nachtstille. Auf dem Nachhauseweg hielt man zu weiteren Gesängen und Weingenuss in der Strandpension von August Weber.

Die schwierigen Namen der Freunde um Gorki kannte zu jener Zeit niemand auf der Insel – Lunatscharski, Kozjubinski, Dzershinski, Alexinski, Bogdanow, Plekanow und all die anderen. Zu der Schar zählte auch ein kleiner Mann mit einem Mongolengesicht; wie er hieß, nämlich Wladimir Iljitsch Uljanow, kümmerte die Capresen nicht, aber weil er Schabernack trieb und gern lachte, fanden sie ihn besonders nett. Er wurde Signor Drin Drin genannt, doch Bekanntheit erlangte er später unter seinem Pseudonym Lenin.

Was die munteren Bewohner des *Casa Rossa* damals umtrieb, ist nun schon lange gründlich erforscht und beschrieben worden. In der Capri-Literatur wird das Haus am Abhang des Monte San Michele als »Wiege des Bolschewismus« dargestellt und so auch zum Ausgangspunkt einer tragischen Geschichte gemacht. Seine namensgebende Farbe legen die Anhänger dieser Sichtweise symbolisch aus, obwohl das stumpfe pompejanische Kolorit der Fassade sich doch sehr von dem Blutrot der kommunistischen Revolution unterscheidet.

❦

Villa Monacone an der Südküste Capris gleicht in meinen Augen einer Anthologie, in der man, beliebig blätternd, von diesem oder jenem Inhalt angezogen verweilt.

Zweistöckig, nach hinten vom dichten Pflanzenwuchs verborgen, zeigt sie nur ihre bescheidene Vorderansicht zum schmalen Fußweg, der von Tragara zu einem isoliert stehenden hohen, spitzen Felsen führt, dem Pizzolungo, nach dem auch der Pfad benannt ist. Der Fischer Ciro Spadaro, ihr Besitzer, war nebenbei Maurer, und er hatte sich,

28

wie viele Capresen bis ungefähr zum Ersten Weltkrieg, sein Haus selbst gebaut.

Die Prozedur war einfach – eine Baugenehmigung brauchte man nicht, Verwandte und Freunde halfen mit, und die Ausführung folgte der bewährten Tradition: Erst wurde der felsige Grund gesprengt, um unterirdisch die unerlässliche Zisterne für den Vorrat an Regenwasser anzulegen. Mit den dabei gewonnenen Steinen und dem Mörtel aus Puzzolan und Kalk wurde der Rohbau errichtet, und dann gab es erst mal eine Pause, um ihn zwei Jahre lang austrocknen zu lassen. – Das war kein Problem, denn Zeit spielte keine Rolle, und wer sich ein Haus baute, machte es sub specie aeternitatis. Nachdem der Verputz ausgeführt, die Fenster und Türen eingesetzt und die Fußböden mit farbigen Fliesen ausgelegt worden waren, konnte man einziehen.

Auch die *Villa Monacone* war auf diese Weise entstanden, ohne den Entwurf eines Baumeisters, mit geringen Mitteln und fast kostenlosen Arbeitskräften – ein Haus, wie es üblich war auf der Insel: Weiß getüncht, schlicht, in allem stimmig, hatte es Zimmer mit gewölbten Decken, eine abgerundete Bedachung, eine von Säulen getragene kleine Loggia, und an eine der seitlichen Außenmauern grenzte die von Weinlaub umrankte Pergola.

In den Dreißigerjahren, als man »modern« wurde und nicht mehr auf die alte Art baute, entdeckten Le Corbusier und andere Koryphäen seiner Zunft diese Häuser als vorbildliche Architektur und feierten den »Capri-Stil«.

Der Fischer Spadaro überließ sein Haus auf der Via Pizzolungo bald einer Folge von Mietern, die wie eine lange Prozession durch das ganze zwanzigste Jahrhundert und die *Villa Monacone* mäanderten. Unter ihrem Dach gaben sich verschiedene Nationalitäten, fixe Ideen, vom Schicksal gebeutelte Lebensläufe, mehr oder weniger erfolgreiche Künstler, verkrachte Existenzen, Heimatvertriebene und andere Varianten von Menschlichem und Allzumenschlichem die Klinke in die Hand.

Einige Mieter blieben Jahrzehnte, bis zu ihrem Tod, die meisten hielten sich vorübergehend auf, aber doch lange genug, um in der Inselchronik eine Spur ihrer Persönlichkeit zu hinterlassen. So der Franzose Charles Bludoir: Er mietete ein Zimmer mit Ausgang auf die Via Pizzolungo und heftete an die Tür seine Visitenkarte: »Internationaler Dichter und Heiligenporträtist. Eintritt 3 Lire.« Weder als Poet noch als Maler fand er Kunden. Er verschwand bald wieder, wie auch ein baltischer Mystiker, der sich als Lieblingsschüler der berühmten Theosophin Madame Blavatsky ausgab. Lange hielt sich eine Inderin, die Batikschals herstellte und in Wirklichkeit aus Krefeld stammte, wie sich herausstellte, als sie starb.

Die bolschewistische Revolution von 1917 spülte viele Flüchtlinge an Capris Ufer; mehrere zogen in die *Villa Monacone* und machten sie zum Zentrum für Zusammenkünfte mit den anderen vertriebenen Landsleuten. Deshalb brachten sie auf der Hausseite zur Straße hin ein Schild in kyrilli-

scher Schrift an: »Russki Dom«, russisches Haus. Diese ins
Exil Getriebenen waren feine, gebildete Menschen meist
jüdischer Abstammung, vielsprachig, aus wohlhabenden
Familien, die sich nun, bitterarm geworden, große Mühe
gaben, mit Sprachstunden, Musikunterricht und kleinen
Gelegenheitsarbeiten durchzukommen. An einige der Damen, die in meiner Kindheit mit meiner Mutter befreundet
waren und die wir in der *Villa Monacone* besuchten, kann
ich mich noch erinnern. Sie hatten sanfte, melodische Namen – Ljena, Valja, Jula, Liuba –, die auf der Zunge schmol-
zen wie Zuckerwatte, und ihr Samowar stand immer mit
heißem Teewasser bereit. Sie sprachen perfektes, von ihren
Erzieherinnen gelerntes Deutsch, erzählten immer wieder
von Russland, von der Flucht, von all dem Verlorenen, und
dann seufzten sie: »Ach, Menschenleben …«

Auch der bereits damals bekannte Künstler Oskar Ko-
koschka wohnte in der *Villa Monacone,* zwar nur vorübergehend, aber doch lange genug, um alle Wände seiner Zimmer zu bemalen. Sein Hauswirt, der Fischer Spadaro, fand
das empörend, die expressionistischen Kunstwerke hielt
er für Schmiererei, und kaum war der Mieter von dannen,
schabte er alle Flächen gründlich sauber und tünchte sie
wieder weiß.

Während des Krieges, nachdem unsere Mutter mit uns
vier Geschwistern von Sylt nach Capri zu ihrer Schwester
in die Strandpension gezogen war, konnten wir unser deut-
sches Schulpensum nur mit Privatunterricht fortsetzen,
und den erteilte uns Frau Miradois. Sie bewohnte schon
seit einigen Jahren vier kleine Zimmer der *Villa Monacone*

und mühte sich mit Sprachstunden ab – vor allem gab sie Deutschunterricht –, um die ganze Familie zu ernähren. Sie hatte drei kleine Kinder und den bereits erwähnten Ehemann, der schließlich die Mithrasgrotte verlassen hatte und sich als Anhänger von Christus jeglicher Arbeit enthielt. Es war dann ein wahrer Segen, dass er nach Deutschland zurückging; dort schnitt er Bart und Haare ab, stieg von Jesus auf Hitler um, indem er glühender Nationalsozialist wurde, und starb in einem Bombenangriff.

Auch seine auf Capri gebliebene Frau stammte aus Hamburg und hieß mit Mädchennamen Erna Bethge. Im Ersten Weltkrieg zur Pazifistin und Theosophin geworden, bezeichnete sie sich als Weltbürgerin, war aber, obwohl sie schon lange in Italien lebte, zutiefst deutsch geblieben und hing mit jeder Faser ihres Herzens an der deutschen Kultur.

Zu unserer Zeit sah Maria Miradois wegen ihrer fehlenden oberen Zähne Dante, wie man ihn von Bildern her kennt, ungemein ähnlich. Sie hastete von einem Termin zum nächsten über die Insel und wirkte mit dem faltigen Gesicht und ihrem grauen Haar sehr sonderbar, weil sie die abgelegten Kleider ihrer drei erwachsenen Töchter auftrug und aus Zerstreutheit und Eile oft einen Pullover verkehrt herum oder verschiedenfarbige Schuhe anzog. Zu uns vier Schülern, die wir jeder ein anderes Lernprogramm hatten, kam sie ins Haus, und der Unterricht dauerte den ganzen Morgen. Aber an manchen Sonntagen und unweigerlich zu deutschen Festlichkeiten lud sie uns zu sich in ihre Wohnung, in der alles behelfsmäßig und ramponiert war, aber doch irgendwie harmonisch hübsch zusammenpasste.

»Tages Arbeit, abends Gäste, saure Wochen, frohe Feste«, die Goethe-Worte hatte sie auf einem Zettel an ihre Eingangstür geheftet, und sie proklamierten ihr Credo. Für unsere Lehrerin bedeuteten die »frohen Feste« dann schalen Malzkaffee und regelmäßig schwarz angebrannte Kekse, die wir unter uns »Kokse« nannten. Das genügte ihr, denn es ging ihr nicht um leibliche Genüsse, sondern um Geist und Kultur. Tatsächlich machte sie aus der *Villa Monacone* für uns Kinder einen Hort kultureller deutscher Eigenart im Ausland, sozusagen ein Goethe-Institut en miniature. An erster Stelle rangierten bei ihr »unsere Klassiker«, und immer wurden die Geburtstage der beiden Größten gefeiert – der von Schiller im November bei Kerzenlicht und Aufsagen der *Glocke;* der von Goethe im August, mit einer Wanderung auf den Monte Solaro bei Bullenhitze und Vorlesen aus dem *Faust.*

Uns Geschwistern erschienen die Zusammenkünfte in der *Villa Monacone* wie eine zusätzliche Unterrichtseinheit, die man widerspruchslos zu ertragen hatte. Erst als Erwachsene erkannten wir, wie viel Maria Miradois in jenen Kriegsjahren jedem von uns gegeben hatte.

Tadeusz Dombkowski erschien auf Capri, als das amerikanische Besatzungskommando, ein paar Monate nach Friedensschluss, die Insel räumte. Damals war der Begriff der *displaced person* aufgekommen, mit dem die in Europa Umherirrenden bezeichnet wurden, die der Krieg entwurzelt

und aus der Bahn geworfen hatte, um sie mittellos, heimat-
los und staatenlos in der Fremde auszusetzen. Wie sich
herausstellte, war auch Dombkowski so ein »verlegtes Indi-
viduum«, dem der Krieg Familie, Vaterland, Amt und Ehren und das erarbeitete Vermögen genommen hatte. Aber
er war auch eine *displaced person* in einem viel weiteren Sinne, und das wurde mir leider zu spät bewusst.

In dem schäbigen, hungrigen Spätsommer 1945 sah man
kaum Fremde auf unserer Insel, der Neuankömmling fiel
auf, und die Capresen gaben weiter, was sie ungefähr über
ihn herausgebracht hatten: dass er Pole war und einmal
eine wichtige Stellung als Minister oder vielleicht Botschaf-
ter gehabt hatte und dass er allein lebte, niemanden zu haben schien und wohl auch über wenig Geld verfügte, da er
in der *Villa Monacone* wohnte.

Ich sah ihn zum ersten Mal auf der Terrasse von Tragara. Bevor er die abwärtsführende Via Pizzolungo einschlug,
blieb er kurz am Geländer stehen und blickte wie geistesabwesend auf die aus dem Meer aufragenden Faraglioni hinunter. »Mitte sechzig«, dachte ich. Von zierlicher, schmaler Gestalt, hielt er sich sehr gerade, und auch seine fein
geschnittenen Gesichtszüge drückten eine innere Haltung
aus. Dass seine Bekleidung und Ausstattung – Anzug, Pa-
namahut und Spazierstock aus Malakka – unübersehbar
altmodisch waren, verwunderte mich nicht, denn die »guten Sachen von vor dem Krieg« mussten auch bei uns noch
lange durch die Friedensjahre halten.

Nachdem ich ihn jenes erste Mal bemerkt hatte, begegnete er mir fast täglich auf der Via Tragara, und mit der

Zeit begann er grüßend den Hut zu lüften, wenn wir aneinander vorbeigingen. So war schon eine gewisse Vertrautheit zwischen uns entstanden, als wir zufällig beide zu einer Teegesellschaft in eine Villa auf der Via Tuoro eingeladen wurden und die Gastgeberin uns vorstellte. Sie hieß Emma Ivanchic und war eine wohlhabende, kultivierte Dame mit dem Herzenswunsch, in ihrem Haus nach französischem Vorbild einen geistvollen Salon zu kreieren, und der distinguierte polnische Herr, dem man Bildung und vollendete Manieren auf den ersten Blick ansah, entsprach genau ihren Hoffnungen.

Ich bekam an dem Tag Gelegenheit, mich etwas mit Dombkowski zu unterhalten. Er hatte eine leise, ein wenig zögernde Sprechweise und ging überaus höflich auf Fragen ein, ohne selbst welche zu stellen. Ich weiß nicht mehr, ob er Kutno als seinen Geburtsort angab oder vielleicht Lublin. Seine bewegte politische Karriere hatte mit Pilsudskis Staatsstreich begonnen, und wegen irgendwelcher Intrigen war er später verhaftet und in die gleiche Warschauer Zitadelle gesperrt worden, in der auch Pilsudski gesessen hatte. Das Gefängnis hieß »der zehnte Pavillon«, und dieser Name ist mir in Erinnerung geblieben, weil man dabei doch eher an ein Vergnügungslokal denkt als an einen Kerker. Dombkowskis bedachte Ausdrucksweise machte seine Erzählung etwas langatmig, und als ich ihm ins Wort fiel, brach er sofort ab: »Ja, bitte, sagen Sie …«

»Gedenken Sie auf Capri zu bleiben?«

Er bestätigte mit einer bis dahin ungeahnten Lebhaftigkeit: »Ja, die Insel wird meine Ultima Thule sein – Sie wissen gewiss, der letzte Zufluchtsort, von dem Vergil und Seneca schrieben, die äußerste Grenzstation, sozusagen meine endgültige Adresse.«

Beim Abschied sagte er: »Es würde mich freuen, wenn Sie mich einmal besuchten. Ich wohne in der *Villa Monacone,* Via Pizzolungo, Ihnen bestimmt bekannt …«

Dafür fand ich dann keine Zeit. Ich war achtzehn, im Herbst schrieb ich mich auf der Universität für Philologie ein und fuhr alle Wochentage bei Wind und Wetter mit dem vorsintflutlichen Gemüseboot, das weniger kostete als der Passagierdampfer, nach Neapel. Rechte Lust, den Minister, wie ihn jetzt alle auf Capri nannten, weil sie seinen Namen nicht aussprechen konnten, zu besuchen, hatte ich eigentlich auch nicht. Es fehlte ihm doch nicht an gesellschaftlichem Umgang, entlastete ich mich still, Signora Ivanchic und andere Damen luden ihn in ihre Villen zu kleinen Empfängen. Sie fanden, dass er sich dekorativ ausnahm: Seine feinen Manieren, der Glanz einer verflossenen politischen Karriere, seine altmodische, gepflegte Kleidung und der weiche slawische Akzent übten einen gewissen Reiz aus. »Er ist so entzückend *ancien régime*«, sagten sie von ihm.

Die alten Capresen werden sich noch erinnern, wie kalt und auch endlos stürmisch der Winter 1945/46 war. Wir froren alle, es gab weder Kohle noch Brennholz, man hatte höchstens einen *braciere,* ein unter den Esstisch gestelltes Holzkohlebecken, das nur die Beine erhitzte und die Frostbeulen jucken ließ.

An einem Nachmittag im Dezember flüchtete ich mich

vor einem Regenguss in das Café Tiberio auf der Piazza, das mir zunächst leer erschien, bis ich, an einem Tischchen im hinteren Teil des Raums, den Minister erkannte. Er hatte mich bereits gesehen, erhob sich und forderte mich auf, Platz zu nehmen.

Es war mir ein bisschen peinlich, ihm die letzten Monate aus dem Weg gegangen zu sein, und aus Verlegenheit griff ich zu der banalen Bemerkung: »Ungemütliches Wetter! Es muss auch in Ihrer ungeheizten Wohnung furchtbar kalt sein.«

»Kalt?« Er lächelte verwundert. »Ich merke nichts davon beim Schreiben – meine Arbeit lässt mich die Umgebung völlig vergessen.«

Ich wollte mein Interesse bekunden: »Oh – arbeiten Sie an Ihren Lebenserinnerungen, wenn ich fragen darf? Sie hätten bestimmt viel zu erzählen! Eine politische und diplomatische Karriere wie die Ihre gewährt Einblick hinter die Kulissen der Weltbühne, und die Vertrautheit mit den *dramatis personae* historischer Ereignisse …«

»Nein, nein«, unterbrach er überraschend heftig meine gespreizte Rede, »die politischen Kabalen, all die diplomatischen Intrigen widern mich an! Im Winde verwehender Rauch … Das Werk, mit dem ich mein Leben beschließen werde, ist von universaler Bedeutung, von unerlässlicher Wichtigkeit für die gesamte Menschheit.«

Hatte Alkohol diese Vehemenz und Überheblichkeit bewirkt? Vor ihm auf dem Tischchen sah ich nur eine leere Teetasse, und seine elfenbeinfarbene Gesichtshaut war kaum gerötet, angetrunken kam er mir also nicht vor.

»Ich wüsste gern: Welches Thema behandeln Sie in Ihrem Werk?«

»Eingehendere Auskunft würde ich Ihnen lieber bei mir zu Hause geben – dieses Lokal ist nicht der rechte Ort. Aber andeutungsweise das Sujet: Ich sammle die letzten Adressen der verstorbenen Genies.«

Konsterniert schwieg ich, und er redete gleich weiter: »Ich sehe: Das hätten Sie nicht vermutet! Noch niemand ist auf den Gedanken gekommen, sich mit diesem unendlich verführerischen Stoff zu befassen. Welch eine Aufgabe, die letzte irdische Station, die Ultima Thule der großen Geister zu verzeichnen!«

Ich war noch immer sprachlos. Die letzten Adressen berühmter Menschen? Stadt, Straße, Hausnummer und womöglich auch Stockwerk, Bezirk, Postleitzahl, die örtlichen Verhältnisse, in denen sie zuletzt gelebt hatten? Sein Unternehmen erschien mir ein grandioser Unsinn, unfassbar steril und müßig. Wozu diese lächerliche Lokalisierung, wenn doch gerade die Unsterblichkeit und Weltbürgerschaft für das Genie bezeichnend sind! Und der Minister glaubte tatsächlich, mit seinem absurd bürokratischen, dummen Werk die Menschheit zu beschenken!

Während ich so innerlich protestierte, sprach Dombkowski von den unglaublichen Mühen und Schwierigkeiten, die er auf sich genommen hatte – erst die langen Recherchen, dann Belege, Notizen, das ganze Material musste gesichtet, gegliedert und zusammengestellt werden, aber nun sei er fast so weit mit der endgültigen Ausführung.

»Verzeihen Sie, aber ich muss mich jetzt leider verabschieden …«

»Oh, ja, ich verstehe … Kommen Sie mich doch besuchen, wenn Sie wollen, ich möchte Ihnen die Aufstellung zeigen und auf einige Einzelheiten näher eingehen.«

Er reichte mir seine leichte, knochige Hand. Ich vermied es, ihm etwas zuzusagen, was ich nicht zu halten gedachte, und verließ rasch das Café.

Nach Weihnachten wurde es dann noch kälter und so stürmisch, dass der Schiffsverkehr zum Festland oft tagelang ausfiel und man nicht einmal nach Neapel gelangte, um sich dort auf dem Schwarzmarkt Nahrungsmittel zu beschaffen.

Von Weitem sah ich den Minister, vom Scirocco getrieben oder gegen den Tramontana-Wind ankämpfend, durch die Via Tragara hasten. Jetzt trug er einen langen grauen Ulster und statt des Panamas eine Kappe mit hochgebundenen Ohrenklappen, wie die von Sherlock Holmes. Einmal kamen wir uns in der engen Via Fuorlovado entgegen, und er ging grüßend an mir vorüber, aber auf seinem Mund lag eine stumme Bitte, und da nahm ich mir fest vor, ihn aufzusuchen – er musste sich sehr einsam fühlen. Das schob ich immer wieder hinaus und dachte zuweilen an sein bizarres Werk, dem er so viel Bedeutung beimaß. Ich versuchte, es mir vorzustellen: dicke Manuskriptbündel voller Adressen in chronologischer oder alphabetischer Reihenfolge – ein Riesenkatalog für ein imaginäres Wohnungsamt. Wie mochte wohl der Titel lauten?

Ich sah ihn noch im Mai, von der Tragaraterrasse aus, als

er gerade unterhalb von mir die Via Pizzolungo in Richtung *Villa Monacone* eingeschlagen hatte. Er trug jetzt wieder den Panama, lüftete ihn zu mir hinaufgrüßend, und ich verstand nur: »Es ist vollendet.«

⸮

Wenige Wochen später glitt er, diskret und wohlerzogen wie immer, aus diesem Leben. Ein Röhrchen Schlaftabletten hatte ihm zu dem entscheidenden Schritt verholfen, und Carmela Amitrano, seine Putzfrau, fand ihn frühmorgens, sorgfältig gekleidet, auf dem Bett liegend vor. Eine knappe Stunde später erzählte man sich auf der Piazza schon Näheres: Der Minister hatte einen offenen Brief hinterlassen, in dem er mitteilte, eine schmerzhafte Neuralgie habe ihn bewogen, seinem Leben ein Ende zu setzen. Seine gesamten Schriften seien der polnischen Botschaft in Rom zu übergeben.

Am Ende der Via Camerelle stieß ich auf Dr. Prozzillo, den Gemeindearzt und intimen Freund meiner Familie.

»Ich komme gerade aus der *Villa Monacone*. Povero ministro – er war mein Patient, sein Tod hat mich nicht überrascht, er litt sehr, Trigeminusneuralgie. Du kanntest ihn doch wohl? Wenn du ihn ein letztes Mal sehen willst, geh jetzt ruhig hin, eine der deutschen Schwestern wacht bei ihm … Mamma mia, so spät! Ich muss zur Marina Grande – der polnische Konsul in Neapel ist benachrichtigt worden und kommt mit dem Elf-Uhr-Dampfer …«

Schwester Emerenziana, die älteste der deutschen Nonnen vom Orden der heiligen Elisabeth, die 1906 von dem damaligen Pfarrer Di Nardo aus Deutschland nach Capri berufen worden waren, um die Kranken und Alten der Insel zu betreuen, saß neben dem Bett und betete mit Nachdruck den Rosenkranz. Dass der Minister, als Pole bestimmt ein Katholik, mit seinem Selbstmord eine Todsünde begangen hatte, musste sie grämen.

Der Gesichtsausdruck des Toten schien allem Irdischen ungemein entrückt; auf die Bettdecke hatte jemand einen Ginsterstrauß gelegt, vielleicht Maria Miradois, sie wohnte ja im gleichen Haus.

Unbeachtet von Schwester Emerenziana, die mit geschlossenen Augen ihre Litanei herunterbetete, näherte ich mich dem Tisch, auf dem, unübersehbar, ein dickes Konvolut lag: drei übereinandergelegte, in Mappen geheftete Manuskripte. Sein Werk!

Jetzt erfuhr ich den Titel, in Blockbuchstaben stand auf jeder Mappe: »Die letzte Adresse des Genies«.

Wenngleich ich mir bewusst war, dass ich nicht mehr das Recht dazu hatte, begann ich die eng beschriebenen Seiten zu durchblättern. Er hatte alles von Hand geschrieben, mit präzisen, eleganten Schriftzügen, ohne eine einzige Korrektur und wie gedruckt zu lesen.

Hier und dort fasste mein Blick eine Zeile heraus:
»Miguel de Cervantes Saavedra, Calle de Léon, Madrid.«
»Honoré de Balzac, Rue Fortunée, Paris.«
»Giuseppe Verdi, Albergo Milano, Via Duomo, Mailand.«
»Martin Luther, Kollegienhaus, Kollegienstraße, Wittenberg.«

»Henrik Ibsen, Honorationenstraße, Kristiania.«

»John Milton, Artillery Walk, Bunhill, London.«

Das ist – bestimmt nicht wortgenau –, was ich ungefähr erinnere. Zu jedem Namen in dem dicken Manuskript gab es einen kurzen Paragrafen, in dem dargelegt wurde, wann, aus welchem Anlass und unter welchen Umständen der Betreffende eingezogen war, wie lange er dort – in seiner letzten Bleibe – gewohnt hatte, und am Ende das Todesdatum.

Schwester Emerenziana war fast fertig mit Beten, alle neunundfünfzig Kügelchen des Rosenkranzes – jedes ein Vaterunser oder Ave-Maria – waren durch ihre dürren Finger gerutscht. Ich blätterte schnell zur Schlussseite der dritten Mappe, obwohl ich die letzte Adresse doch schon wusste:

»Dr. Scient. Pol. Tadeusz Dombkowski, *Villa Monacone*, Via Pizzolungo, Capri.«

Die Untiefe der Witwen

W enn man auf einer Insel lebt, ist es eine notwendige Bedingung, vom Meer umgeben zu sein. Dies bedeutet jedoch nicht, dass alle Insulaner eine angeborene Zugehörigkeit zu der sie umgebenden Wasserfläche empfinden. Die Capresen jedenfalls haben zum Meer eine ebenso gespaltene, konfliktreiche Beziehung wie zu ihrer Insel.

Inseln sind die idealen Sehnsuchtsorte der Menschheit. Mythos und Dichtung haben durch die Zeiten Wunschikonen aus fernen Gewässern aufsteigen lassen, die zu einem geografischen Besitz unserer Fantasiewelt geworden sind – Cythera und Ogygia, Thule, Utopia, Perdita, Avalon und all die anderen mythischen Inselwohnsitze in imaginären Meeren, wo Venus, Circe, Kalypso, Prospero, Paul und Virginie und ihre ungezählten Gefährten für immer heimisch sind.

Warum gerade Inseln unser Vorstellungsvermögen und unsere Empfindungen so intensiv berühren und dieses Verlangen, diese Sehnsucht hervorrufen, liegt eben in ihrer »Insularität« begründet, die offenbar ein menschliches Begehren zu erfüllen verspricht: ganz für sich zu sein, allem anderen entrückt, in einem überschaubaren eigenen kleinen Kosmos und von dem flüssigen Element umgeben, das uns wie eine Infektionssperre gegen die übrige Welt abschirmt.

Aber es ist die Ironie des Inseldaseins, dass gerade, was uns hingezogen hat, uns manchmal zu beengen droht und den Drang erzeugt, auszubrechen, den Gefängniswall aus Meerwasser zu überwinden, um der Inzucht und Begrenzung des luftigen Kerkers zu entfliehen.

Etymologisch leitet sich Insel von dem lateinischen *insula* ab, und im Wörterbuch steht dazu, dass die ursprüngliche Bedeutung ungewiss ist. Umso präziser sind die verschiedenen Variationen dieses Wortstamms als Verb, Substantiv oder Eigenschaftswort wie isolieren, Isolation, isoliert usw. Ihre Bedeutung ist unmissverständlich und überwiegend negativ konnotiert: ausschließen, Verlassenheit, abgeschnitten, fernab, kontaktlos, vereinsamt … Tatsächlich sind dies typische Gemütszustände, die auch den beharrlichsten Inselromantiker gelegentlich befallen können. Vielleicht wird er sich dann in seinem Inselkoller sogar fortwünschen, aufs Festland – schon das Wort hat etwas beruhigend Stabiles, Verlässliches, im Vergleich zur unbeständigen *insula* –, doch eine solche Anwandlung löst sich meist folgenlos auf.

꙳

Es gibt Inseln in jeder Größenordnung und, man könnte sagen, jeder Preislage. Meiner Überzeugung nach müsste die ideale Insel in Proportion und Dimension harmonisch sein, weder die kontinentalen Ausmaße von Australien haben noch die klitzekleine Winzigkeit der beiden Felsen in der Bucht von Positano, die Galli-Inseln heißen. Ihre Struktur müsste Abwechslung bieten – die totale Plattheit ist genauso langweilig wie die öde Kegelform. Capri erscheint mir in jeder Hinsicht genau richtig, und vor allem wird hier das Postulat erfüllt, das dem Inselfreund unerlässlich ist: von jedem Punkt aus das Meer im Blick zu haben.

Dass nicht jeder diese Auffassung teilt, belegt eine griesgrämige und viel zitierte Beanstandung Rainer Maria Rilkes. Er verbrachte den Winter 1906 auf Capri und schrieb nach Hause, das Meer sei hier übermäßig präsent, weil »bald auf der, bald jener Seite, manchmal auf beiden« zu sehen. Auch mit der Konformation der Insel war er nicht zufrieden und beanstandete »zu viele Berge auf zu engem Raum«. So viel schlechte Laune hat sich dann auch in den Gedichten niedergeschlagen, die er hier schrieb und die nicht seine besten sind. Mir bleibt besonders das vom »treibenden Feigenbaum« als Kindheitserinnerung. Es heißt *Lied vom Meer* und im Untertitel *Capri. Piccola Marina* und erwähnt zum Schluss einen Feigenbaum, den wir vier Geschwister gut kannten. Er wuchs, windverkrümmt und knollig, an die Seitenmauer der kleinen Kapelle Sant'Andrea unterhalb unserer Strandpension gelehnt, und wir kamen immer daran vorbei, wenn wir zum Strand liefen. Unsere Lehrerin Maria Miradois bezeichnete Rilke zwar als »modern«, und daher rangierte er für sie nicht auf gleicher Höhe mit »unseren Klassikern«, aber sie schätzte ihn trotzdem, und so war auch der in den poetischen Olymp aufgestiegene Feigenbaum verehrenswert. Wir pilgerten gelegentlich mit ihr hin und mussten das auswendig gelernte und uns ziemlich unverständliche Gedicht aufsagen. Glücklicherweise ist es nicht sehr lang:

> Lied vom Meer
> (Capri. Piccola Marina)
>
> Uraltes Wehn vom Meer,
> Meerwind bei Nacht:
> du kommst zu keinem her;
> wenn einer wacht,
> so muss er sehn, wie er
> dich übersteht;
> uraltes Wehn vom Meer,
> welches weht
> nur wie für Ur-Gestein,
> lauter Raum
> reißend von weit herein …
> O wie fühlt dich ein
> treibender Feigenbaum
> oben im Mondenschein.

&

Zio Giovanni hatte von Rilke und dessen »Lied vom Meer« keine Ahnung. Weit entfernt von dichterischen Preziositäten, war seine Beziehung zum Meer ganz und gar sachlich und außerordentlich herb.

Zio bedeutet Onkel auf Italienisch, und auch unsere Mutter nannte ihn so. Vermutlich waren wir durch Raffaela, unsere Großmutter, mit ihm verwandt, ohne genau zu wissen, wie. Es war schwierig, sich in den Verwandt-schaftsverhältnissen zurechtzufinden, denn nach capresi-scher Tradition zählen als Familienangehörige auch *i cum-pari* und *i cumparielli* – nämlich die Paten und Patenkinder, die sich ständig vermehren, weil Patenschaft in Italien so-wohl für die Taufe wie für Hochzeiten und Firmungen be-nötigt wird.

Zio Giovanni war Fischer und in einem bescheidenen Haus auf der Marina Piccola geboren, damals das erste dort, von seinem Vater gebaut, auch der ein Fischer, wie alle männlichen Vorfahren. Sein ganzes Leben hatte er auf einem mit acht Ruderern bemannten Fangboot verbracht, außer einer kurzen Unterbrechung als Matrose auf einem Frachter, der zwischen Neapel und Südamerika fuhr, und in der Zeit hatte er aus Brasilien Syphilis und einen Quis-titi-Affen mitgebracht. Das nur zwanzig Zentimeter lange Äffchen wurde August Weber geschenkt, es lebte in unse-rer Strandpension auf einem Oleander, und wenn ich, als Kleinkind, vorbeikam, sprang es mir auf den Nacken und biss mich, was meine frühe Tierliebe auf die Probe stellte.

Noch in den Dreißigerjahren, wenn wir morgens direkt vom Bett zum Ufer hinunterrannten und ins Meer spran-gen, saß Zio Giovanni immer auf dem steinigen Strand vor seinem Bootsschuppen und flickte die Fischernetze: Dabei hielt er das Netz mit der großen Zehe gespannt, fädelte die Holznadel durch die Löcher und murrte vor sich hin.

In jeder süditalienischen Kirche sah man bis vor Kurzem ein kleines Schild beim Portal: »Non si bestemmia e non si sputa a terra«. Zio Giovanni ließen beide Verbote kalt, er fluchte unentwegt über Gott und alle Heiligen und spuckte dauernd zu Boden, das eine aus purer Gewohnheit und das andere, um den Speichel mit Kautabak loszuwerden, den er als braunen Strahl auf die Steine klatschen ließ. Alt, verkrümmt, ausgedörrt, die lederne Haut wettergebeizt, seine Arme vom lebenslangen Rudern fleischlos-knorrige Äste, war er kein hässlicher Mann, glich aber eher einem pflanzlichen als einem menschlichen Organismus. Nur der Blick seiner dunklen Augen war außerordentlich lebendig.

1827 schrieb August von Platen sein Gedicht *Die Fischer auf Capri*. So pittoresk wie die zeitgenössischen Vedutenmaler, die auf ihren Bildern die süditalienischen Fischer mit phrygischer roter Mütze und um die sehnigen Lenden geschlungenem Schurz darstellten, beschreibt der dichtende Graf die Capri-Fischer bei seinem lyrischen Höhenflug – wirklichkeitsfremd und gefällig:

> »Hier hat frühe der Knabe versucht,
>   in der Welle zu plätschern,
> Frühe das Steuer zu drehen gelernt
>   und das Ruder zu schlagen,
> Hat als Kind mutwillig gestreichelt
>   den rollenden Delphin,
> Der, durch Töne gelockt,
>   an die Barke heran sich wälzte.
> Glückliche Fischer!«

Hätte Graf Platen seine poetische Darstellung eines jungen Capri-Fischers Zio Giovanni vorgetragen, dem wäre sogar die Kautabakspucke weggeblieben.

Der alte Mann hatte von seiner Zeit auf See viel zu erzählen und schilderte das Erlebte dramatisch und anschaulich, unverblümt und gelegentlich mit einer derben Komik. Aus seinen Erzählungen ging hervor, dass eine Existenz als Fischer aufreibend, mühselig, entbehrungsreich und lebensbedrohlich war. Auch wenn die Seeleute der rauen Nordsee das Mittelmeer geringschätzig als Milchmeer belächeln, ist es durch die plötzlichen Wetterumschläge, die starken Strömungen, die Klippen und felsigen Küsten, die Riffe, Untiefen und Sandbänke doch voller Gefahren und war es vor allem in vergangenen Zeiten, als die schiffbrüchigen Seeleute in ihrer Not keine rettende Hilfe zu erwarten hatten. Könnte man das Mittelmeer trockenlegen, wäre sein Grund ein einziges archäologisches Fundgebiet an untergegangenen Wasserfahrzeugen und menschlichen Gebeinen aller Epochen …

Im Geburtsjahr von Zio Giovanni, 1853, besuchte Ferdinand Gregorovius Capri, und sein Büchlein *Die Insel Capri* ist ein Dokument, in dem sich seine poetische Empfindung berührend ausdrückt, ohne dass sie ihm den klaren Blick für die sozialen Missstände der Einwohner verstellt: »Der Fischer liegt die ganze Nacht auf See, er kehrt erst mit der Sonne wieder; dann geht es ans Trocknen der Netze, dann schläft er ein paar Stunden, dann macht er sich frisch wieder zum Fange auf. Es ist ein armseliges und mühevolles Leben, das Meer oft trügerisch und nicht ein paar Carlin wert, was eine ganze Fischergesellschaft in dem Netze findet.« Diesen Befund des deutschen Historikers hätte Zio Giovanni, ohne zu zögern, unterschrieben.

In seinen epischen Schilderungen, die er uns vier Geschwistern vortrug, während er Netze flickend am Strand saß, kam er immer wieder auf die harte Schule seiner Jugendjahre zu sprechen, wenn der Fischfang keinen Ertrag brachte und er »als Sklave« arbeiten musste, wie er es formulierte. Was es damit auf sich hatte, schildert August Weber in einer kleinen Schrift von 1888, die er verfasste, als er schon seit sechs Jahren auf der Insel ansässig war:

»Zu den unangenehmsten, gefährlichsten und am meisten gefürchteten Beschäftigungen, denen sich die Jugend in der Hoffnung auf einigen Verdienst unterziehen musste, gehört die Korallenfischerei. (…) In Torre del Greco sind die reichen Besitzer der Korallenschiffe; da findet alle Jahre im Frühling der große Arbeitsmarkt statt, wo sich die jungen Fischer von Capri für die kommende Saison, die von April bis Mitte Oktober dauert, verdingen. Die Bezahlung betrug früher fünfhundert Franken und mehr, ist aber in letzter Zeit durch Überangebot auf dreihundert Franken und weniger heruntergekommen. Um die Leute ganz in ihrer Gewalt und Abhängigkeit zu halten, bezahlen die *padroni* einen Teil des Lohnes, achtzig bis hundert Franken, voraus. Die Arbeit ist, wie gesagt, eine außerordentlich harte und anstrengende. Die Korallenbänke befinden sich weit draußen im Meere bei Sciacca, wo die Leute dann in kleinen, acht bis zehn Mann haltenden Booten Tag und Nacht auf dem Meer aushalten müssen. Mit netzartigen Vorrichtungen werden die Korallen vom Meeresboden in die Höhe gerissen, eine sehr ermüdende Arbeit, und doch gönnt man ihnen kaum vier, fünf Stunden Schlaf. Während dieser Zeit leben sie meist von den bekannten Castelmarer Schiffszwiebacken. Die Boote gehen nur ans Land, wenn schlechtes Wetter eintritt. Hie und da wird dann doch das eine oder andere vom Sturm überrascht und einige Fischer, die wie die meisten Seeleute nicht schwimmen können, ertrinken. Mut ist nicht eine hervorragende Eigenschaft der Süditaliener, es fasst sie bleiches Entsetzen, und die Fischer und Bootsleute entfliehen massenhaft. Freilich verfallen sie dann dem Gesetze als kontraktbrüchig und werden je nachdem zwei, vier Monate eingesperrt.«

Auch Zio Giovanni war, aus Angst zu ertrinken, wohl mehrmals kontraktbrüchig geworden, doch die Gefängnisstrafe hörte sich in seinen Worten eher wie eine nicht unliebsame Ruhepause an: Im Winter gab es sowieso keine Arbeit, das Gesetz gewährte jedem Häftling sieben Soldi täglich, die Familie sandte Wein und Makkaroni, und die eingelochten Fischer vertrieben sich die Zeit in Gesellschaft beim Kartenspiel. »C'è di peggio«, es gibt Schlimmeres, befand er philosophisch.

Die Erinnerung an den tragischsten Schiffbruch in der Geschichte Capris ist heute verblasst, aber Zio Giovanni vergegenwärtigte uns Kindern die dramatischen Geschehnisse noch mit lebhafter Mimik und Gestik, die er vermutlich bei seiner Großmutter abgeschaut hatte. Sie war eine der »Witwen der Untiefe« gewesen, und wir lauschten gespannt, als Giovanni uns ihre Geschichte erzählte.

Alle ans Mittelmeer grenzenden Nationen hatten ihre

eigene Fischereiflotte, und gegeneinander führten sie einen ständigen Konkurrenzkampf um die fischreichsten Stellen, die möglichst geheim gehalten wurden. Die Fischer von Capri hatten in der Meerenge zwischen ihrer Insel und Ischia, nach Westen zu, ein aus dem Tiefseegraben ragendes Riff ausgemacht und es *Secca dell'abbondanza,* die Untiefe der Üppigkeit, getauft, weil sich hier Unmengen der verschiedensten Seetiere und Fischschwärme tummelten. Die Capresen kehrten von dort immer mit schwer beladenen Fangbooten zurück und waren natürlich darauf bedacht, niemandem zu verraten, wo sich die Fundgrube befand, aus der sie ihre reiche Beute holten. Alles ging gut bis zu einem Tag im Spätsommer 1835. Fast die gesamte Fischereiflotte der Insel – jedes Boot mit sechs bis acht Ruderern bemannt – war zum Fischen auf der Untiefe ausgeschwärmt, als ein Unwetter so plötzlich heraufzog, wie es zu dieser Jahreszeit häufig der Fall war. In größter Eile wurden Netze, Fangkörbe und Angelleinen an Bord gehievt, die Männer legten sich in die Ruder, kämpften sich durch den Wellengang, erst vom *grecale,* dann, als der Wind nach Norden umschlug, von der *tramontana* gepeitscht. Sie kamen nicht weit – alle Boote erlitten Schiffbruch. Spurlos versanken sie in der Tiefe, und nicht einer der Fischer konnte sich retten.

Auf Capri warteten die Frauen angstvoll auf die Rückkehr ihrer Männer. Von den Klippen aus spähten sie über die stürmische See, in der fiebrigen Hoffnung, die Boote auftauchen zu sehen, und dann, als sie begriffen, dass alles verloren war, überkam sie namenlose Verzweiflung. Diese Szene der sich ihrem Schmerz hingebenden Witwen der ertrunkenen Fischer, die klagend und händeringend auf den Felsen stehen, mit ihren im Wind flatternden langen schwarzen Locken, während die vom Sturm aufgewühlten Wellen an die Klippen branden, ist uns bis heute in einem imposanten Gemälde erhalten geblieben. Jean Benner, der zu der kleinen französischen Künstlerkolonie in Anacapri gehörte, hat es gemalt, und er stellte sein Werk 1871 mit großem Erfolg in Paris aus. Es entsprach in seiner spätromantischen Dramatik ganz dem Zeitgeist und wurde, als Öldruck vervielfältigt, ungemein populär. Benner gab ihm den Titel *La secca delle vedove,* denn nach der Tragödie hatte der capresische Volksmund den Namen des verhängnisvollen Riffs geändert. Von der Überfülle an Beute dort wollte man nichts mehr wissen, und so nannten sie es »die Untiefe der Witwen«.

Die Fischer, die den Ort des reichen Fanggrunds gekannt und strikt für sich behalten hatten, waren zusammen mit ihrem Geheimnis untergegangen. Niemand hätte die Position des unterseeischen Riffs mehr benennen können, aber es wäre auch keiner mehr hingefahren, denn abergläubisch, wie die Capresen und zumal die Fischer sind, hielten sie die »Untiefe der Witwen« nun für verhängnisvoll und von bösen Geistern bewohnt, die nur auf neue Opfer lauerten.

Tempi passati … Während des Zweiten Weltkriegs durfte in den Gewässern des Golfs und um die Inseln wegen der Minengefahr und Verdunklungsvorschriften nicht gefischt werden, und danach kam die Fischerei auf Capri nie wieder richtig in Gang. Allmählich wurden dann die großen

Ruderkähne von Motorbooten ersetzt, und statt sich zum Fischfang auf die hohe See zu wagen, fahren die ehemaligen *marinai* der Marina Grande heute risikolos und bequem die Touristen zu den Grotten und um die Insel.

Die Nachkommen der alten Fischer bleiben an Land und verdienen dennoch weiter am Meer. Sie haben die kleinen Strände in Besitz genommen, sind Badewärter, vermieten Paddelboote, Liegestühle und Umkleidekabinen. Damit vermeiden sie Anstrengung, begeben sich nicht in Gefahr und haben ein sicheres Einkommen – dem Fischerdasein ihrer Väter trauern sie nicht nach.

Auch die Urenkel des seligen Zio Giovanni leben auf dem Trockenen und wohnen nach wie vor auf der Marina Piccola, aber jetzt sind sie die rechtmäßigen Eigentümer der ganzen Uferstrecke, auf der sie eine Badeanstalt und ein Restaurant errichtet haben. Da sie beweisen konnten, dass schon ihre Eltern und Großeltern hier angesiedelt waren, ist ihnen das Gelände durch Ersitzung, wie es juristisch so nett heißt, gesetzlich zugefallen. Mit Zio Giovanni haben sie keine Ähnlichkeit, sie fluchen und spucken nicht, sie haben nie rudern müssen und sind ziemlich übergewichtig.

Die furchtbare Tragödie auf der »Untiefe der Witwen« haben die Capresen vergessen, und nur in einem Pariser Museum erinnert noch ein etwas kitschiges Ölgemälde daran.

Unser Ausland

A nacapri ist anders. Damit will ich sagen, dass sich das obere Städtchen der Insel, eben Anacapri, von dem unteren, nämlich Capri, unterscheidet. Das Eigenschaftswort »anders« ist neutral, nicht beurteilend, und meine Familie, die an der Marina Piccola wohnte und so keiner der zwei Ortschaften angehörte, blieb von der eingefleischten Rivalität zwischen den beiden weitgehend unberührt. Zwar hoben auch wir die Andersartigkeit von Anacapri hervor, aber nur als sympathische Variante zu dem, was man von den Bewohnern des unteren Inselorts gewohnt war. Die Capresen jedoch verspotteten die angeblich bäurischen, unfeinen Anacapresen und nennen sie bis heute *ciammurri,* ein arabisches Schimpfwort, das auf die Einfälle der Sarazenen im Mittelalter zurückgeht und Sklave bedeutet.

Von der verbissenen Feindseligkeit der beiden Gemeinden, die lächerliche, groteske und in der Vergangenheit oft blutige Auswirkungen hatte und auch heute nicht bereinigt ist, erfährt man aus einer Fülle von geschichtlichen Schriften und zeitgenössischen Chroniken. Doch unsere Familie vertrat nur positive Ansichten über Anacapri und pflegte mit seinen Einwohnern freundschaftliche Beziehungen.

An erster Stelle war da das Axiom von der gesunden Luft des höher gelegenen Städtchens, mit der diejenige von Capri angeblich keinen Vergleich aufnehmen konnte. Unsere Mutter, hieß es, wäre als Kind bestimmt am Veitstanz gestorben, hätte man sie nicht rechtzeitig hinauf nach Anacapri gebracht, von wo sie, wundersam geheilt, als sei sie in Lourdes gewesen, zurückkam. Auch ich, obwohl nur an einer schlichten Grippe erkrankt, wurde auf ein paar Tage dorthin begleitet, und danach fand man, ich hätte mich fabelhaft erholt.

Genauso, wie man von der hervorragenden Luft in Anacapri überzeugt war, schwor man in unserer Familie auch auf die nicht zu überbietende Qualität der anacapresischen landwirtschaftlichen Produkte – eine Bewertung, die mir fundierter schien als die erste. Tatsächlich waren das Gemüse und das Obst von dort ein Genuss für alle Sinne: prall und saftig, in leuchtenden Farben, aromatisch duftend und köstlich.

Wir Geschwister hatten den Eindruck, dass Macolatina, die ein paarmal die Woche die Erzeugnisse ihrer Eltern in unserer Pension ablieferte, direkt vom Himmel hinabstieg. Das stimmte auch, denn sie kam barfuß – wie die meisten Einwohner damals liefen – von Anacapri zu uns, und zwar nicht über die Fahrstraße, sondern über den *Passetiello* hinunter. Dieser halsbrecherische, an der östlichen Bergwand des Monte Solaro senkrecht und konstant am Abgrund hinabführende Pfad ist von allen Wegen der Insel bestimmt der gefährlichste und atemberaubend schön mit seinen überraschend wechselnden, von Felsenklüften eingerahmten Aussichten. Macolatina balancierte den großen, flachen, mit Gemüse und Früchten beladenen Korb auf dem Kopf, ohne die Hände gebrauchen zu müssen, und so kam sie aus der Höhe, unbesorgt tänzelnd, die steinige, verwachsene, kaum erkennbare Wegspur hinunter bis zu unserem Haus am Meeresufer. Die Pensionsgäste fragten schaudernd, ob das Mädchen keine Angst hätte, abzustürzen, und sie ließ ihnen lachend in capresischem Dialekt ausrichten, sie sei schwindelfrei: »Tengo l'aria«, wortwörtlich übersetzt: Ich halte der Luft stand.

Während Macolatina wie Pomona, die altrömische Göttin der Früchte, leichtfüßig zu uns hinunterschwebte, mussten wir selbst uns auf den Weg hinauf zu dem anderen Menschen machen, der für uns in der Kindheit Anacapri verkörperte. Schon der Anlass, ihn aufzusuchen, versprach Unangenehmes, er war nämlich unser Zahnarzt und so absonderlich, dass er mir unvergesslich geblieben ist. Seit Langem mit unserer Familie befreundet – eine Freundschaft, die auf August Weber zurückging –, war er das zäheste Überbleibsel jener Russen, die 1906, als Revolutionäre verurteilt, dem Schriftsteller Maxim Gorki nach Capri ins Exil gefolgt waren.

In seinem schönen Buch *Capri, Biographie einer Insel* schreibt Humbert Kesel: »Im Jahre 1913 ging Gorki, nachdem zur Dreihundertjahrfeier des Hauses Romanow eine Amnestie erlassen wurde, nach Russland zurück. Die russische Kolonie löste sich so auf (…). Einen aus der damaligen Kolonie habe ich noch gekannt: Paul Wigdorcik. (…) Nach der Revolution von 1905 war er zum Tod verurteilt worden. Unter dem Galgen stehend, wurde er in letzter Minute begnadigt, d. h., die Todesstrafe wurde ihm erlassen. Seitdem, wenn er einem Patienten einen Zahn zog, machte er immer eine gequälte Geste, als würge ihn etwas oder als wolle er den Hals aus einer Schlinge ziehen. Nach dem Ersten Weltkrieg reiste er nach Russland, um seine früheren Kampfgenossen zu besuchen. Er kam ziemlich in sich gekehrt zurück und sprach nie mehr davon. Vielleicht war aus dem einst revolutionären Saulus ein Paulus geworden, der lieber der morbiden Bourgeoisie die nicht weniger morbiden Zähne zog, als sich wieder auf das zeitweise doch sehr gefährliche Parkett der Weltrevolution zu wagen.«

Während unserer Kindheit vor dem Krieg war Wigdorcik, der die Praxis in Neapel aufgegeben hatte, der einzige Zahnarzt auf der Insel. Selbstverständlich konnten Termine bei ihm nicht telefonisch oder sonst wie verabredet werden – die wenigsten besaßen ein Telefon. Man machte sich auf gut Glück zu ihm auf und musste schon tüchtiges Zahnweh haben, um sich dazu zu entschließen. Genauso selbstverständlich war es, dass wir zu Fuß hingingen, und vom Ufer der Marina Piccola bis Anacapri dauerte der Aufstieg über die vielen Windungen hinauf mindestens anderthalb Stunden – aber auf dem Heimweg nur eine, weil man beschwingt bergab rannte, nachdem man die missliche Sitzung glücklich hinter sich gebracht hatte.

Die Wohnung von Dr. Wigdorcik war dumpf, dunkel

und muffig. Man hätte sie in einer tristen Moskauer Straße vermutet, nicht im sonnenhellen Anacapri, und er selbst in seiner lichtscheuen, abgehärmten Blässe schien direkt der großen russischen Literatur entstiegen als eine der toten Seelen oder als der mit sich hadernde Unglückliche aus *Schuld und Sühne.*

Er sprach zögernd, kaum hörbar, und unsere ängstlich auf eine Diagnose wartende Mutter wusste nie, ob sich darin seine Schwermut oder ein negativer Befund über den Zustand unserer Zähne ausdrückte. Zu seinen unerfindlichen Eigenheiten gehörte, dass er nur die oberen Zähne ärztlich versorgte. Der Behandlungsstuhl, ein klobiges Gebilde, war einem elektrischen Stuhl aus Sing Sing täuschend ähnlich. Er stand mitten im von vielen schweren Möbeln verstellten Wohnzimmer, und Spülbecken, Bohrer, überhaupt sein ganzes Instrumentarium gingen bestimmt auf die Frühzeit der Zahnarztkunde zurück.

Die bedrückende Atmosphäre um diesen Menschen und das Befremden, das seine ungewöhnliche Erscheinung in uns hervorrief, ließen uns für jede anstehende Behandlung das Schlimmste befürchten. Aber unsere Mutter verteidigte ihn: »Er hat Schweres durchgemacht.«

Heute verstehe ich, dass Dr. Paul Wigdorcik mit seinen utopischen Idealen Schiffbruch erlitten hatte und rettungslos mit ihnen untergegangen war. Danach war sein Leben nur noch eine Scheinexistenz gewesen.

¿؟

»Unsere Hochzeitsreise machen wir ins Ausland«, sagte Edwin Cerio, und ich stimmte lachend zu: »Aha, also ein Spaziergang nach Anacapri!«, denn das meinten wir, wenn wir vom Ausland sprachen.

Cerio hatte von 1900 an als Schiffbauingenieur bei Krupp in der Germania-Werft in Kiel gearbeitet, um für die dem Kaiser Wilhelm II. außerordentlich wichtige Kriegsmarine, die die englische ausstechen sollte, Schiffe zu entwerfen und deren Ausführung bis zum Stapellauf zu begleiten. Da er sechs Sprachen perfekt beherrschte und welterfahren war, hatte Krupp ihn dann auch für die Public Relations eingesetzt, und in diesem Auftrag hatte er fast die ganze Welt bereist, um die deutschen Kriegsschiffe zu verkaufen. Doch der Erste Weltkrieg zwang ihn zurück nach Italien, und das mörderische Gemetzel des Konflikts stürzte ihn in eine Gewissenskrise, da ihm bewusst wurde, dass er als »Handelsreisender der Kriegsmarine«, wie er sich ausdrückte, seinen Teil dazu beigetragen hatte. Ein Freund, der deutsche Künstler Ottmar Begas, rettete ihn zum Glück während eines Selbstmordversuchs (»Wer soll dann den Dreck wegmachen?«, herrschte er ihn an), und dieser existenzielle Tiefpunkt brachte eine Katharsis, aus der Cerio zu einem zweiten Leben fand, in dem nun seine wesenseigenen, wahren Fähigkeiten und Bestrebungen frei zum Ausdruck kommen konnten. Er zog sich nach Capri, seinen Geburtsort, zurück, baute dort einige der schönsten Häuser, schrieb Bücher, schuf ein Kulturzentrum und wurde ein gründlicher Kenner der historischen Vergangenheit der Insel und ihrer Naturgeschichte. Letztere bedeutete ihm mehr als der literarische Erfolg, deshalb fühlte er sich geschmeichelt, dass ein von ihm entdeckter botanischer Endemismus – eine weiß blühende Rosmarinart, die nur auf Capri wächst – nach ihm benannt wurde. Auch ein bis dahin unbekannter capresischer Tausendfüßler ist unter seinem Namen in die zoologischen Verzeichnisse eingegangen. In Edwins zweitem Leben war Capri ihm Welt genug, und Reisen hielt er nun für überflüssig.

Wie er verspürte auch ich keine Reiselust und fand es spannend und abwechslungsreich, wo ich gerade war, aber aus Spaß hatten wir für uns ein Ausland erfunden, das wir hin und wieder aufsuchten – eben Anacapri.

Edwin blieb bis ins hohe Alter wanderfreudig – ein Erbteil seiner englischen Mutter –, und mir, als Enkelin von August Weber, der seine vielen Reisen zwischen Deutschland und Italien unverdrossen stiefelnd zurückgelegt hatte, wäre auch keine andere Art der Fortbewegung lieber gewesen. Folglich unternahmen wir unsere Entdeckungsreisen ins anacapresische Territorium immer zu Fuß.

Wir gingen frühmorgens an einem der vielen sommermilden Herbsttage oder auch zu Frühlingsanfang los, wenn eine leichte Tramontana das Meer zu stahlblauer Glätte polierte. Nur ein Körbchen mit zwei *sanguicci,* wie die Capresen die Erfindung des Grafen Sandwich, nämlich belegte Brote, aussprechen, eine kleine Flasche Wein, etwas Obst; kein umständliches Gepäck, keine Fahrkarten, kein Gedränge und Lärm, weder Ausweise noch ermüdende Warterei auf öden Bahnhöfen und Flughäfen.

Von Tragara, wo wir wohnten, erreichten wir den Sattel von Due Golfi, den wir als Grenzübergang festgelegt hatten, und hier begann Edwin zu kommentieren, was uns längs des Weges begegnete, denn in dieser Vertiefung zwischen den beiden ungleichen Inselhälften hatten sich in der jüngeren Steinzeit die Ureinwohner Capris angesiedelt.

»Sie lebten als Jäger und Fischer; möglicherweise wohnten sie in Pfahlbauten – die Insel war ja damals dicht bewaldet und wasserreich. Als Kind durfte ich meinem Vater und den mit ihm befreundeten Archäologen bei den Ausgrabungen in dieser Gegend zusehen – sehr spannend, sie fanden Waffen und Werkzeuge wie Messer, Pfeilspitzen, Glätter, Sägen und Schaber aus Obsidian. Die große Anzahl der Funde lässt vermuten, dass es hier auf Capri eine richtige Werkstatt zur Verarbeitung dieses Materials gab. Wenn das stimmt, ist es die einzige bekannte aus der Jungsteinzeit. Bei den Ausgrabungen wurden auch Speisereste gefunden, und jene Urcapresen ernährten sich gar nicht schlecht, wie die Abfälle ihrer Mahlzeiten bezeugten – Hammelknochen, Muscheln, Fischgräten, Austernschalen …«

Die prähistorische Vergangenheit hätte noch viel Gesprächsstoff geboten, aber inzwischen waren wir weitergegangen. Den Sattel von Due Golfi sah man nicht mehr, dafür erfasste man rechts, jenseits der Wegmauer, in einem Rundblick den ganzen Golf, und an der linken Straßenseite erhob sich die Felswand des Monte Solaro, aus dessen Spalten zu jeder Jahreszeit die rührend genügsame Inselflora hervorspross. Und damit war Edwin unweigerlich bei seinem Lieblingsthema angelangt, Capris botanischen

Schönheiten und Raritäten, die allerdings hier an der Nordwand nicht so üppig wuchsen und weniger Arten zählten als die der anderen Gegenden, denen es nie an Sonne mangelte. Mit seiner Herzenspflanze, die auch im Schatten gedieh, konnte man jedenfalls immer rechnen: *Lithospermum rosmarinifolium,* Steinsame zu Deutsch, denn ihr Same schlägt auch in der trockenen Enge kleinster Ritzen Wurzeln, schafft sich Lebensraum und bricht den Fels auf, damit sich von Weihnachten bis Ostern die Blüten in leuchtend blauen Kaskaden über das Berggestein ergießen.

Mittlerweile gelangten wir auf unserem Weg zu der Höhlung im Monte Solaro, in der eine Muttergottesstatue, gleich der bekannten in der Grotte von Lourdes, von elektrischen ewigen Lichtern beleuchtet und gewissermaßen Segen spendend uns und das weite Panorama überblickte. Hier legten wir eine kurze Pause ein, und Edwin machte seinem Ärger über die zunehmende Anzahl der Madonnenstatuen auf Capri Luft, die in ihrer abgeschmackten Ausführung die schönsten Aussichtspunkte der Insel verschandelten, nur um die Eitelkeit des jeweiligen Gebers zu befriedigen.

»1908, zum fünfzigjährigen Jubiläum der wundersamen Erscheinung in der Grotte von Lourdes, gab es auf Capri eine explosionsartige Verbreitung dieser süßlichen Madonnenstatuen. Eine kam natürlich auch über den Eingang zur Blauen Grotte. Die himmlische Vision der kleinen Bernadette hat in der Welt leider eine Menge Kitsch erzeugt …«

Doch Muttergottesfiguren anderer Stilrichtungen bekümmerten ihn nicht weniger:

»Eine der auffälligsten und hässlichsten wurde 1893 von dem Conte Moreno di Salluzzo über den Ruinen des Tiberiuspalastes aufgestellt. Das Motiv di Salluzzos war pikant: Wie im neapolitanischen Adel üblich, hatte er sein Leben mit Kokotten und Roulette zugebracht. Als er dann im Alter um sein Seelenheil bangte, schaltete er die Muttergottes ein und spendete ihr eine imposante Statue. Als Standort wählte der bigotte Graf die *Villa Jovis,* weil die Gegenwart der Madonna dort oben möglicherweise noch präsente heidnische Götter vertreiben würde und ihm, wie er hoffte, Punktvorteile für seine Aufnahme im Paradies bringen konnte. Mag sein, dass sie es tat – sicher ist jedenfalls, dass bei Gewitter immer wieder der Blitz in die gusseiserne Madonna einschlägt und sie beschädigt ...«

(Edwin hat nicht mehr erfahren, dass dann 1978 ein Blitz das Standbild komplett zerstört hat. Seine Freude darüber wäre leider auch von kurzer Dauer gewesen, denn schon 1981 stiftete ein anderer frommer Caprese eine neue Figur der Muttergottes, diesmal aber aus blitzunempfindlicher Bronze. Zur Errichtung gab es ein großes Fest. Man hatte mit der erlauchten Gegenwart des Papstes gerechnet. Der war leider nicht abkömmlich, schickte aber immerhin einen stellvertretenden Kardinal, und von der Bevölkerung begeistert bejubelt, wurde die neue Madonnenstatue von einem Hubschrauber durch die Lüfte getragen und auf dem Tiberiusberg abgesetzt.

Wenn man tot ist, bleibt einem wohl auch vieles erspart. Edwin hat nicht mehr mit ansehen müssen, dass 1991 der Pfarrer und der Bürgermeister von Anacapri noch eine Kopie der Muttergottes von Lourdes aufstellen ließen – und das an der Migliara! Außerdem ist sie aus Plastik …)

Während dieser Betrachtungen befanden wir uns schon unterhalb der *Villa San Michele,* und ich wusste, dass nun noch ein paar Anekdoten zu der spitzigen, über fünfzigjährigen Beziehung zwischen Edwin und dem schwedischen Arzt Axel Munthe folgen würden.

Das Buch von San Michele war ein Welterfolg und sowohl ein Best- wie auch Longseller geworden, was den Autor dazu veranlasste, in Gesellschaft die zahllosen Übersetzungen und Lobgesänge hervorzuheben und von seinem Werk nur noch als *The Book* zu sprechen – das Buch schlechthin, wie die Bibel. Edwin schrieb darüber eine von den Literaten auf Capri belachte Glosse, und Munthe revanchierte sich, indem er ihn nach Materita zum Essen einlud, wo er ihm eine reichlich mit Knoblauch und Zwiebeln angerichtete Speisefolge vorsetzen ließ – von dem Gast verabscheute Gewürze, wie er wusste. Diesen amüsierte die kleine Rache, und er ließ den Inhalt seines Tellers nach und nach in einer nahe stehenden römischen Amphore verschwinden, was sein Gastgeber nicht bemerkte, da er blind war. Böse Zungen hielten die Sehbehinderung für eine seiner vielen Posen, eine Selbststilisierung zu Tiresias, dem blinden Seher der Unterwelt.

Waren wir schließlich in Anacapri angekommen, wurden zuerst die »Ärgernismauern« kontrolliert, die Edwin in seiner Heimatliebe wie Relikte eines alten Kults am Herzen lagen.

Die Italiener sind bekanntlich streitsüchtig und permanent uneinig, und diese Veranlagung ist bei den Anacapresen zu eigener Perfektion gediehen. Davon zeugen hier und da hohe Mauern in der kleinen Ortschaft, die dem Fremden völlig unmotiviert und rätselhaft vorkommen müssen, denn die Genugtuung, jemandem ein derartiges Bauwerk vor die Nase zu setzen, bleibt den Einheimischen vorbehalten und entspricht nur ihrer Mentalität: War ein Anacaprese seinem Nachbarn feindlich gesinnt, scheute er keine Unkosten, um sich an ihm zu rächen. Deshalb errichtete er möglichst dicht vor dessen Hausfront eine Mauer zu dem Zweck, ihm die Aussicht zu entziehen, Licht und Luft zu nehmen oder zu bewirken, dass Dach und Terrassen des Gegenübers keine Sonne abbekamen und dieser weder Wäsche noch Feigen trocknen konnte. Mauern werden leider oft in böser Absicht aufgebaut, und bei den »Ärgernismauern« war das bestimmt der Fall. – Trotzdem, auch sie gehören zur Geschichte der Insel.

Meistens war es Mittag, wenn wir Anacapri hinter uns ließen und Cercito erreichten. So hieß ein kleines Eichenwäldchen auf dem Weg zur Migliara, das damals noch Edwin gehörte. Dort setzten wir uns in den Schatten der Bäume, verzehrten den Inhalt des Körbchens und unterhielten uns mit einem kurzen Abstecher zur Etymologie der uns umgebenden Pflanzenwelt:

»Dies hier sind die einzigen echten Eichen auf Capri, und die Bezeichnung *Cercito* soll aus dem Altgriechischen stammen und Eiche bedeuten – daraus könnte man schließen, dass es dieses Wäldchen schon während der Magna Graecia gab, in der Zeit der griechischen Kolonisation Süditaliens. Wir sind der Welt der Antike gar nicht so fern. Bedenke bloß, wie viele rein lateinische Worte sich noch in unserem Dialekt erhalten haben. Für morgen und übermorgen sagen wir Capresen genau wie der Kaiser Tiberius: *cras* und *bis cras* …«

Da wir uns nun schon auf halber Strecke befanden, gingen wir oft noch weiter bis zum atemberaubenden Ausblick der Migliara und statteten dort dem Einsiedler von Kluck einen Besuch ab. Der ehemals bekannte Bildhauer hatte nach einem Kopfschuss während des Ersten Weltkriegs einen gänzlich neuen Lebenslauf eingeschlagen, hatte Deutschland verlassen und wohnte in einem bescheidenen Häuschen, inmitten einer weiten Wiese von Asphodill – den Blumen der Elysischen Felder – nahe dem schwindligen Abgrund. In seiner Inkarnation als anacapresischer Eremit war er Philosoph geworden und entfaltete seine Weltanschauung unentwegt schreibend auf Papierblättern, die er dann in die Tiefe flattern ließ, wo sie der Wind über das Meer verstreute. Nach seinen Erlebnissen in Deutschland zum überzeugten Pazifisten geworden, sandte er 1940 Mussolini ein Telegramm mit der Warnung, um Himmels willen nicht in den Krieg zu treten, wovon dieser leider keine Notiz nahm.

Als Kriegsversehrter bekam Kluck eine kleine Pension, die nach dem Zweiten Weltkrieg vielleicht versiegt war, denn er lebte sehr kümmerlich. Er schien sich hauptsächlich von Blutwurst zu ernähren, wie uns auffiel, wenn wir bei ihm vorbeischauten. Die amerikanischen Besatzer Italiens hatten bei ihrem Abzug einen großen Vorrat dieser

Dosen zurückgelassen, den hatte er umsonst bekommen und bei sich zu Hause an einer Wand aufgestapelt, denn den Capresen schmeckt Blutwurst nicht. Dem Einsiedler von Kluck hat sie nicht geschadet, er blieb bei bester Gesundheit und starb einundneunzigjährig.

Ein Philosoph auf seine Art war auch Malannata, der eigentlich Salvatore hieß und ein kleines Stück Erde bebaute, das Edwin gehörte und das auf den Landkarten mit der Bezeichnung »Tiberino« eingetragen war (die einzige Erwähnung von Tiberius in der alten capresischen Toponomastik). Gemächlich schlenderten wir in Richtung Blaue Grotte und erreichten Tiberino auf der Ebene, am Ende eines sich zwischen niedrigen Mäuerchen schlängelnden Pfades, der den reizenden Namen *Le Voltatelle* – die Kürvchen – trägt.

Salvatore begrüßte unsere Ankunft regelmäßig mit dem schrillen Lamento: »Malannata!«, was »schlechter Jahrgang« bedeutet und Edwin gleich klarmachen sollte, dass er von der diesjährigen Ernte keinen Ertrag an Hülsenfrüchten, Kartoffeln, Feigen oder was sonst noch auf dem kleinen Stück Land angebaut wurde, zu erwarten hatte. Dann folgte eine längere Aufzählung: Hitze, Dürre, Nebel, Schwüle, Tramontana, Scirocco usw. Sie beschrieb Anacapris miserables Klima, das dem Bauern Salvatore die Landwirtschaft zum reinen Frust werden ließ.

Wir erlebten Malannata, wie wir ihn unter uns nannten, nur in seiner theatralischen, die widrigen Umstände beklagenden Show. Hätte er uns einmal gut gelaunt empfangen und sich womöglich auch noch zu einer kleinen Abgabe seiner Erträge von Tiberino bereit erklärt, wären wir wahrscheinlich enttäuscht gewesen. Wir wollten ihn so, wie wir ihn kannten, und Edwin schrieb mit der Geschichte »Malannata« eine seiner schönsten.

Blieb uns auf unserer Wanderung noch genug Zeit, besuchten wir eine der Sonnenwarten. Davon gab es zwei in Anacapri: die auf dem Monte Solaro von Professor Yngve Öhmann aus Stockholm geschaffene und die bei Damecuta errichtete von Professor Karl-Otto Kiepenheuer, der das Fraunhofer-Institut für Sonnenphysik in Freiburg leitete. Die Begegnungen mit beiden Wissenschaftlern waren jedes Mal sehr interessant, wir bewunderten die Teleskope und wurden über Sonnenflecken, Korona, Flokkuli, Sonnenstürme und andere Eigenheiten des Gestirns aufgeklärt. Doch aus den fachmännischen Erläuterungen der beiden streng getrennt forschenden Sonnenphysiker zuckte manchmal ein auf den Kollegen gemünzter Seitenhieb – wohl mit dezenter Zurückhaltung formuliert, aber unmissverständlich feindselig. Sie konnten sich gegenseitig einfach nicht ausstehen, denn jeder beanspruchte das eigentlich gemeinsame Forschungsobjekt, die Sonne, für sich allein.

¿?

Bei Ischia färbten sich Meer und Himmel sonnenuntergangsrot, und wir machten uns befriedigt und müde auf den Heimweg. Der Abschied fiel uns nicht schwer, für heute war es genug gewesen; nächstes Mal würden wir in Anacapri die mit uns befreundeten Künstler besuchen – die noch lebenden in ihren Häusern und auf dem Friedhof die verstorbenen. Wir würden wieder einmal *Casa Orlandi* besichtigen, die schöne alte Villa, die Edwins zwei mythischen Tanten – Donna Giulia und Zia Nannina – gehört hatte und die seit ihrem Tod unbewohnt, aber unverändert geblieben war, als hätte die Zeit in den kühlen, stillen Räumen den Atem angehalten. Vielleicht würden wir den Monte Solaro bis Cetrella hinaufsteigen oder zum Castello di Barbarossa spazieren und auch, wie schon oft, im *Casa Rossa* die antiken Inschriften zu entziffern versuchen, die der einstmalige Besitzer gesammelt hatte – jener amerikanische Arzt, Autor und Hobbyarchäologe John Cly McKowen, der eines der eigenartigsten und noch nicht ergründeten Originale unter den an Capris Küste gestrandeten Existenzen gewesen war. Es gab noch viel zu entdecken, doch wir hatten keine Eile – was Anacapri noch für uns bereithielt, würde sich schon herausstellen, denn unser »Ausland« war gleich vor der Haustür und leicht und jederzeit zu erreichen.

Alles habe ich von Anacapri dennoch nicht entdeckt und kennengelernt, und ich finde es gut so. Es muss immer ein Stück Terra incognita geben, das der Fantasie unbegrenzten Spielraum gewährt. Wie verführerisch geheimnisvoll sind doch jene ersten, ganz alten geografischen Karten, auf denen die unerforschten Gebiete große leere Stellen sind mit dem Hinweis: »Hic sunt leones.«

»Eine überreizte Zivilisation stört
für immer die Stille der Meere.«
Claude Lévi-Strauss

Inselrundfahrt

Für fast alle Fremden, die Capri besuchen, ist eine Rundfahrt um die Insel ein Muss, und am Hafen der Marina Grande kommt man heutzutage dieser Nachfrage effizient und mit verschiedenen Angeboten entgegen: Es gibt große Motorboote für hundertzwanzig Passagiere und kleinere für fünfundzwanzig Insassen. Die *motoscafisti,* also die Fahrer und meist auch Eigentümer der Motorboote, sind eine geschäftstüchtige Gilde. Ihre Arbeit ist bei der großen Anzahl von Touristen sehr ertragreich, und sie versuchen zielstrebig, immer noch mehr Leute abzufertigen und dabei bloß keine Zeit zu verlieren. Wenn die Fahrgäste, dicht gepfercht, alle Plätze besetzt haben, geht es los. Das Motorboot verlässt den umfangenden Arm der Mole und schießt mit zunehmender Geschwindigkeit über den Wasserspiegel, eine wie wütend aufgebracht schäumende Gischtspur hinter sich herziehend.

Die Passagiere sitzen etwas steif und befangen auf den Bänken, es ist sehr eng, und sie scheinen nicht recht zu wissen, wie sie sich verhalten sollen. Der Fahrtwind bläst ihnen scharf in die Gesichter, sie bewegen die Münder bei dem Versuch einer Unterhaltung und merken hilflos, dass ihnen die Worte ungehört wegflattern oder vom Motorenlärm verschluckt werden. So bestimmen nicht Meer, Himmel, Wind, Salzluft und Sonne die heutige Fahrt, sondern diese aus dem Motor berstende Kakophonie mit ihrem unentrinnbaren Gedröhn.

In den Jahren vor dem Krieg war es anders. Wenn ein Gast in unserer Pension eine Inselrundfahrt machen wollte, schickte unsere Tante, die das Haus führte, den Dienstboten Peppino zu einem der unweit wohnenden Fischer – meistens war es Giacobbe – und bestellte ihn für den nächsten Tag mit seinem Ruderboot an die Sirena, die felsige Halbinsel unterhalb der Pension. Man hatte sie mit drei eingemauerten Stufen zum Anlegeplatz gemacht, damit die Touristen trockenen Fußes in die Boote gelangten.

Auch das Ehepaar Schlegel, das zu unseren Stammgästen zählte, verabredete eine Inselrundfahrt, und ich, damals zehnjährig, kam gerade über die Terrasse gehopst und wurde gefragt: »Na, hast du Lust und willst mit?«

Ich sagte zu, ohne zu wissen, auf was ich mich da einließ. Als ich dann am nächsten Tag auf See war, begann ich zu ahnen, dass mir keine reine Freude bevorstand, und wäre um jeden Preis sofort wieder an Land zurückgekehrt. Ich ließ mir aber nichts anmerken, denn wie es die Erziehung in meiner Kindheit vorschrieb, musste man auslöffeln, was man sich eingebrockt hatte. Heute jedenfalls bin ich froh, dass ich die Schlegels auf ihrer Inselrundfahrt begleitet habe, und möchte diesen Tag meines Lebens nicht missen.

Spätsommer, herrliches, klares Wetter, das Meer eine zartblau seidenglänzende Tafel. Um Punkt acht Uhr morgens waren wir auf der Sirena und stiegen in das kleine Boot, das unter unserem Gewicht schwankte, bis wir uns auf die schmalen Seitenbänke gehockt hatten.

Giacobbe saß schon in der Mitte auf der Bank, er spuckte in die Hände, ergriff die Ruder, tauchte sie ins Wasser, zog sie durch, hob sie heraus, tauchte sie wieder hinein, zog sie durch, im Takt, immer derselbe Ablauf, wieder und wieder und wieder. Ich schaute auf seinen Rücken und sein verwaschenes, ärmelloses Wollhemd. Sein nach vorn gestreckter grauschopfiger Kopf, der dunkel gebeizte Nacken, die kräftigen Schulterblätter, seine Arme und Hände schienen mit den Rudern verwachsen zu sein, eine Maschinerie aus Mensch und Boot, die unablässig und rhythmisch dieselben wenigen Bewegungen ausführte, damit wir in lautlosen Schüben übers Wasser glitten. Es war, als würden das leichte Knarren der Riemen an den Dollen und das schwache Glucksen am Bootsrand die große Stille um uns noch pointieren.

Von der kleinen Halbinsel Sirena steuerten wir auf Punta Mulo zu, das Felsenkap, das die Bucht der Marina Piccola abgrenzt, und als wir es umschifften, verschwand das vertraute Panorama aus meinen Augen, und die Angst stieg in mir auf. Ich war in dem Alter pathologisch furchtsam, was vielleicht am frühen Tod unseres Vaters lag, jedenfalls überfielen mich auch in alltäglichen Situationen Vorstellungen der schrecklichsten Gefahren. Bei unserer Rundfahrt an jenem Morgen gab es nicht den geringsten Anlass zu Befürchtung – das Meer spiegelglatt, Windstille und Sonnenschein, Giacobbe ein mir vertrauter und erfahrener Seemann und neben mir das freundliche, zuverlässige Touristenpaar –, und trotzdem blickte ich mit Herzklopfen zu der zerklüfteten Bergwand, an der wir entlangfuhren. Unser kleines Boot würde unweigerlich an ihr zerschellen, wenn der plötzliche Orkan ausbrechen sollte, den mir meine Panik ankündigte.

Es gehört zu einem sonderbaren Dualismus, dass man gleichzeitig Angst empfinden und dabei auch Schönheit wahrnehmen kann. So saß ich in stummer Beherrschung, die Hände an den Rand der Bank gekrallt, und verspürte doch auch Neugier und Staunen. Dieses langsame, lautlose Gleiten, immer längs der felsigen, hohen Küste und dicht daran, führte uns kleine Wunder vor Augen, denn man sah, was im Gestein, oben an der Luft, blühte und krabbelte, und beugte man sich über den Bootsrand, verlor sich der Blick weit unten in einem fremden, verlockenden Universum. Das Meer war so durchsichtig, dass man in der Tiefe weit unterhalb des Wasserspiegels das steinerne Fundament der Insel erkennen konnte, in den Ritzen die Seeigel und Anemonen und auf dem Grund Gräser und Algen, durch die winzige Fische blitzten.

»Jetzt kommen wir zur Grünen Grotte«, meldete Herr Schlegel, der einen Reiseführer auf den Knien aufgeschlagen hielt.

Bei dem Wort »Grotte« überfielen mich neue Angstvorstellungen, während unser Boot langsam auf eine dunkle Felsspalte zuglitt, den Eingang ins Berginnere, aus dem es uns kühl entgegenwehte.

»Zauberhaft! Zauberhaft!«, rief Frau Schlegel aus, als unser Boot in die Grotte einfuhr und Giacobbe zu rudern innehielt. Spielerisch ließ er die beiden hölzernen Stangen im Wasser kreisen, das in allen Grünfärbungen schillernd aufleuchtete und zart wogend die Nuancen mischte wie in einem Topf flüssig gewordener Smaragde, Chrysoprase und Jadesteine, und dabei tanzten die Reflexe irrlichternd über die schrundigen Wände und zur Decke der Grotte. Mit dem Aplomb eines Zauberkünstlers, der gekonnt den Effekt seiner Tricks zu steigern weiß, hob Giacobbe die Stangen auf Höhe des Bootsrands, und von den Ruderblättern tropften grün funkelnde Brillanten; dann strich er mit leichter, rascher Bewegung die Enden der Ruder über den Wasserspiegel, und dieser schien in Abertausend leuchtend grünen Funken zu zersplittern, die wie bei einem Feuerwerk hochschnellten und, in das nasse Element zurückfallend, verloschen.

Bezaubert von dem Schauspiel vergaß ich meine Ängste. Als wir jedoch wieder im Freien waren, überfielen sie mich sofort, um mir neue Gefahren zu suggerieren, denn die Küste, an der unser kleines Boot nun entlangglitt, kam mir zunehmend bedrohlicher vor. Hier befanden wir uns unterhalb der Migliara, und die zerklüftete hohe Bergwand, die Schluchten, Höhlen, Überhänge und abgefallenen riesigen Steinbrocken schienen in der furiosen Schöpferwut eines Zyklopen entstanden zu sein. Ich konnte damals nicht wissen, dass ich mit meiner Beklommenheit in guter Gesellschaft war: Wer in der üppigen und unterschiedlichen Capri-Literatur seine Impression von dieser Küstenstrecke ausdrücken wollte, hat immer wieder den Begriff »dantesk« gebraucht oder die titanische Schaffenskraft von Michelangelo bemüht und mit Worten wie »grandios« und »imponierend« hantiert, doch bei aller hochgestochenen Ehrfurcht schwingen in den Beschreibungen immer auch Schauer und Bangen mit. Kein Wunder, dass der französische Künstler Gustave Doré diese Szenerie zum Vorbild für seine Illustrationen von Dantes Hölle nahm.

Das steile Felsenufer flachte allmählich ab, und entsprechend beruhigte sich auch mein Gemüt; wir umrundeten Punta Carena, das Kap, auf dem der Leuchtturm steht, und nun ging es an der westlichen Inselseite weiter. An der hier niedrigen Küste gab es mehrere Buchten, die wenig Abwechslung boten, und jetzt, nachdem sich meine Angstvisionen verflüchtigt hatten, verspürte ich Ungeduld und Langeweile. Ich blickte vor mir auf Giacobbes Rücken und seine Arme mit den Rudern, die immer und immer wieder die gleichen Bewegungen ausführten – wie schrecklich langsam wir vorwärtskamen! Seit Ewigkeiten, so schien mir, saßen wir in diesem Boot, und ich wagte nicht zu fragen, wie lang es denn noch dauern würde. Herr Schlegel hatte zwar einmal, in seinem Reiseführer lesend, bemerkt: »Capri misst siebzehn Kilometer Umfang«, aber das sagte mir nicht, wie weit die Strecke war, die uns noch bevorstand.

Doch glücklicherweise unterbrach Giacobbe die eintönige Ruderfahrt, er hielt vor einer niedrigen Öffnung im Steinufer und verkündete: »Grotta Azzurra!«

Wir mussten uns auf den Boden des Bootes niederkauern und glitten unter der niedrigen Wölbung des Eingangs hindurch ins Innere, und das ohne meine übliche Bänglichkeit. Ich nahm an, bei einer so weltberühmten Sehenswürdigkeit könne man sicher sein, dass sie einigermaßen stabil war und dass weder plötzlich der Berg über uns einstürzen noch ein Hochwasser uns unversehens alle an der Grottendecke zu Tode quetschen würde.

Herr und Frau Schlegel sahen sich staunend um und brachen in Bewunderung aus, aber ich war enttäuscht: Ich fand die viel gepriesene Blaue Grotte nicht so doll. In den Souvenirläden hatte ich ihre Abbildung in zahllosen Ausführungen gesehen, auf Lampenschirmen, Seidenschals, Briefbeschwerern, Kuchentellern und anderen netten Scheußlichkeiten, weshalb ich sie im Grunde schon überhatte.

Immerhin erntete ich unerwartet einen kleinen Erfolg, denn mir fiel eins der Nonsens-Gedichte meines Großvaters ein, und ich überwand meine Schüchternheit und sagte es auf:

»Hier schweigt das Wort und schwitzt der Pinsel:

Azzurra – Kleinod dieser Insel!«

Wieder draußen, nahmen wir unser langsames Dahingleiten in der vollkommenen Stille auf, und jetzt war die niedrige Küste nicht einmal mehr von Buchten unterbrochen und noch langweiliger. Doch schließlich kamen die Ruinen der Tiberiusbäder in Sicht, bald auch die bunte Häuserreihe der Marina Grande und davor die Pferdedroschken und die Mole. Diese willkommene Abwechslung im Panorama, die einen mir vertrauten Anblick bot, verwandelte sich sofort in Schrecken, als der Halb-elf-Uhr-Dampfer aus Neapel auftauchte und uns den Weg abschnitt, um in den Hafen zu kurven. In seinem Sog tanzte unser kleines Boot so wild auf und ab und hin und her, dass nicht nur ich aufschrie – auch Frau Schlegel kreischte: »Ogottogott-ogott!«

Das Meer gewann rasch wieder seine vollkommene Glätte, die unter der Mittagssonne silbern glänzte, und immer im selben Takt, unendlich langsam, wie ich es in meinem Überdruss empfand, setzte Giacobbe die Fahrt in Richtung der östlichen Inselspitze fort.

Kurz bevor wir sie erreichten, sagte er: »La Grotta del Bove Marino«, und wies, ohne anzuhalten, mit einer Kopfbewegung auf eine unauffällige Öffnung in der Bergwand.

»Die ist wohl nicht interessant, der Baedeker vermerkt nichts dazu«, ließ sich Herr Schlegel hören.

Ich aber hätte etwas zu vermerken gehabt, denn die Grotte des Meerochsen war mir seit frühester Kindheit ein Begriff.

Capris Folklore ist äußerst karg, die Insel hat kein eigenes Liedgut und keine anderen aus der Fantasie der Bevölkerung entstandenen Zeugnisse wie mündlich überlieferte Sagen und Märchen. Die einzige Ausnahme ist *il Bove Marino,* der Meerochse, der seit lange vergangenen Zeiten ein zähes Leben im capresischen Volksmund behauptet. In alten Dokumenten wird er als »Monstrum Marinum Monaci formae« angeführt, also als Seemonster in Mönchsform, aber obwohl Seeleute und Landwirte schworen, das Zwitterungeheuer mit eigenen Augen gesehen zu haben, beschrieben sie sein Aussehen höchst unterschiedlich. Sicher war jedenfalls, dass verdorrte Weinberge, verschwundene Fischernetze, erkrankte Olivenbäume, fehlende Hühner und was Bauern und Fischern sonst noch an Misslichkeiten zustoßen konnte, auf das Konto des Meerochsen ging, der einzig zu solch bösen Zwecken nachts seine Grotte verließ und an Land stieg. In neuerer Zeit haben Zoologen vermutet, dass es sich bei dem schrecklichen Untier nur um eine harmlose Mittelmeer-Mönchsrobbe handelte, von der es in dem Küstenbereich eine Kolonie gab.

Uns Geschwistern hatte die Köchin der Pension, Teresina, haarsträubende Geschichten vom *Bove Marino* erzählt. Mit meinen zehn Jahren hätte ich nicht zugegeben, diesen Märchen noch Glauben zu schenken, und dennoch war ich erleichtert, dass Giacobbe an der Grotte vorbeiruderte – man konnte nie wissen.

Jetzt waren wir in der Meerenge zwischen Capri und der Halbinsel von Sorrent, und man spürte den starken Sog der Strömung, die unser Boot auf die offene See zu ziehen schien, was mich von Neuem in stumm beherrschten Alarm versetzte. Noch mulmiger wurde mir, als wir uns der schwindelnd hoch und steil aus dem Wasser ragenden Felsenwand des Tiberiusbergs näherten. Wie fast die ganze Zeit während dieser Fahrt ruderte Giacobbe sehr dicht an der Küste entlang, und die immense Steinpräsenz hing drohend und zumindest visuell erdrückend über unseren Köpfen. Nach dem blendenden Sonnenschein, aus dem wir kamen, war es hier im Schatten auf einmal zwielichtig feucht-kühl, nur das Knarren der Riemen an den Dollen gab der großen Stille um uns eine monotone Kadenz, und kein ermunterndes Lebenszeichen wagte, sie zu durchbrechen.

Da war es beglückend, aus dem unheimlichen Halbdunkel wieder ins warme Licht zu gleiten und auch dem Sog der Meerenge entkommen zu sein, und vielleicht würde nach der nächsten Bucht die Marina Piccola auftauchen, wie ich hoffte. Stattdessen unterbrach Giacobbe die Fahrt und meldete in seiner Wortkargheit nur »Grotta Meravigliosa«, obwohl an der Küste keine Öffnung zu sehen war, die Zugang zu einer Höhlung sein konnte. In den Stein gehauen, zeichnete sich allerdings eine kleine Treppe ab, und während Giacobbe im Boot zurückblieb, stiegen wir aus, die wenigen Stufen hoch, tasteten uns durch eine kurze Passage und erreichten das überraschende Ziel. Die Wundergrotte unterschied sich von den bisher besuchten Felsenhöhlungen, und nicht nur, weil man nicht hineinruderte, sondern sie zu Fuß betrat. Während sich jede der mir bisher bekannten mit ihrem eigenen schillernden Farbenspiel auszeichnete, erstaunte mich diese, ganz und gar dem Namen entsprechend, durch das Wunder ihrer faszinierenden, fantastischen Dekoration: Von der Höhlendecke hingen von Kalkablagerung modellierte Tropfsteinzapfen in jeder Größe, denen vom Boden andere der gleichen Natur säulenartig entgegenragten. – Man fühlte sich in ein bizarres steinernes Gewächshaus versetzt, und diese Impression untermalte ein leises, unaufhörliches Tröpfeln, wie eine magisch aus zahllosen Poren träufelnde Wassermusik.

Herr Schlegel zeigte erst in die Höhe: »Die, die von der Decke herabhängen, heißen Stalaktiten«, sagte er und wies dann zu Boden: »Und die sich nach oben aufbauen, heißen Stalagmiten.«

Stalaktiten und Stalagmiten – wie viele wesentliche Kenntnisse sind mir im Laufe der Jahre entfallen, aber diese unwichtigen Wissensschnipsel haben mich bis heute begleitet.

Wir bestiegen wieder unser Boot. Noch fuhren wir an der östlichen Inselseite, aber hier war mir die Küste von Spaziergängen her vertraut, und ich erkannte einige der schönsten Aussichtspunkte: über uns die leere Augenhöhle des Arco Naturale, zwischen zwei Einbuchtungen die wie eine waldige Pfote ausgestreckte Punta Masullo, unweit die hohe, steile, Pizzolungo genannte Felszacke und, ihr im Meer vorgelagert, den Monacone, wie sich das Inselchen nennt, auf dem nach Meinung einiger Historiker Masgaba, ein Liebling des Tiberius, begraben liegt, während weniger romantisch geartete Gelehrte meinen, dass die angebliche Grabstätte in der Antike nur als Becken diente, in dem die im Meer gefangenen Fische bis zu ihrem Verbrauch am Leben gehalten wurden.

Und nun tauchten endlich die Wahrzeichen Capris auf, die drei Faraglioni-Felsen, die gewissermaßen zu unserer Pension gehörten, weil sie, von allen Fenstern und Terrassen aus sichtbar, den Horizont nach Osten abschlossen. Von der Pension aus betrachtet wirkten sie zwar dekorativ, aber keineswegs imposant. So nah wie jetzt war ich ihnen jedoch nie gekommen, und in dem kleinen Boot, keinen

Meter von den steinernen Ungetümen entfernt, an ihnen entlangzugleiten, trieb mir kalte Schauer über den Rücken. Außerdem steuerte Giacobbe auch noch in die finstere Öffnung des mittleren Felsbrockens hinein – ein zerfurchtes, unheimliches Gewölbe –, und ich öffnete die Augen erst, als er hindurchgerudert war.

Zu meiner Freude befanden wir uns nun auf der Südseite, und wenn auch meine Ungeduld wuchs, die Marina Piccola zu erreichen, legte sich wenigstens endgültig die Ängstlichkeit.

»Auf dieser Strecke gibt es weiter keine Meeresgrotten«, sagte Herr Schlegel und klappte den Reiseführer zu. Er wusste so wenig wie ich, dass sich unterhalb der Certosa, dem Ufer, an dem wir gerade vorbeiglitten, Capris größte Grotte überhaupt befand, die aber 1808 durch einen Einsturz unzugänglich geworden war. Grotten konnten also sehr wohl einstürzen – mir, die ich wegen meiner Schreckensvisionen immer als Angsthase verlacht wurde, wäre diese Tatsache damals wohl eine willkommene Bestätigung gewesen.

Punta Tragara, Unghia Marina, Pennaulo, Torre Saracena – still zählte ich alle Namen der Orte auf, an denen wir vorbeifuhren, und endlich sah ich auf »unserem« Strand meine Geschwister planschen und wäre am liebsten ins Wasser gesprungen und zu ihnen hinübergeschwommen.

»Geschlagene vier Stunden!«, sagte Herr Schlegel, als das Boot an der kleinen Felsenhalbinsel Sirena anlegte und wir ausstiegen.

»Na, hat's dir gefallen?«, fragte mich Frau Schlegel, und ich antwortete brav: »Ja – und danke, dass ich mitdurfte.«

❦

Hatte es mir gefallen? Ich weiß es nicht. Das Erlebnis jenes Morgens mit den verschiedenen und teilweise widersprüchlichen Eindrücken und Gefühlen ist mir allerdings in Erinnerung geblieben: Zauber und doch auch Beklemmung, einer Natur ausgeliefert zu sein, die mit Meerestiefe, Stille und geologischer Unnahbarkeit nur für sich selbst zu existieren scheint – Freude an der Entdeckung verborgener kleiner Wunder – Vielgepriesenes, das sich als eher enttäuschend herausstellt – staunendes Entzücken über unerwartet Schönes – zwischendurch mal Angst – auch Erwartung, Spannung – streckenweise Langeweile, Überdruss, Ungeduld – und doch immer wieder Neugier.

Die Inselrundfahrt als Metapher des Lebens hatte ich damals noch nicht erkannt.

Mare di sotto

Wer auf dem Festland lebt, kann sich von seinem Wohnort mehr oder weniger weit entfernen, und bis er seinen Zielort erreicht, überquert er sozusagen fließende Grenzen. Die Grenzen einer Insel hingegen sind starr, weil zwischen ihr und der übrigen Welt das Meer liegt. Selbst wenn man ein Schiff besteigt und nur auf ein paar Stunden zum Festland fährt, um dort etwas zu erledigen, vollzieht sich, kaum werden die Leinen losgemacht und der Anker gelichtet, eine radikale Trennung, ein Abschied, eine emotionale Amputation: Man hat von seiner Insel abgelegt.

Das Bewusstsein, eine jedes Mal riskante Entscheidung zu treffen, wenn man Capri verlässt, erklärt das nervöse Verhalten der Capresen, das sie zeigen, bevor sie sich zu einer Überfahrt aufraffen. Zu den gefürchteten Folgen eines solchen Entschlusses zählt in erster Linie die Gefahr, dass ein plötzlicher Streik oder sich verstärkender Sturm mit hohem Wellengang den Schiffsverkehr ausfallen lässt und der von der Rückkehr abgehaltene Insulaner zu seinem Entsetzen auf dem Festland festsitzt.

Für den Capresen ist also das Meer die Instanz, von der abhängt, ob er sich dem Wagnis ausliefern kann, sich von der Insel zu entfernen. »Come è il mare?«, will er besorgt wissen, und auch wenn er die Antwort erhält, an diesem Tag sei das Meer vollkommen ruhig, wird das seine Zweifel doch nicht endgültig zerstreuen.

In der noch sehr kümmerlichen Nachkriegszeit war die *Abbazia* der einzige Passagierdampfer nach Neapel. Sie fuhr täglich in der Frühe ab, kam nachmittags zurück, und während meiner vierjährigen Studienzeit war ich an fast allen Wochentagen ihr Fahrgast. Gegen halb sieben am Morgen gesellte ich mich zu der Gruppe meiner Reisegefährten, mit denen ich auf der Terrasse der Funicolare auf die Abfahrt der ersten Drahtseilbahn wartete, die uns zur Marina Grande befördern würde. Wir standen am Geländer, von wo aus wir den ganzen Golf übersehen und, »Come è il mare?«, kontrollieren konnten, um die Art der bevorstehenden Überfahrt vorauszusehen.

Die Windrichtung gab einigen Aufschluss, untrüglich jedoch waren die Färbung und Beschaffenheit der Wasserfläche. Blies eine Tramontana, üblicherweise im Winter, glänzte das Wasser stahlblau unter der Sonne, denn dieser Nordwind bedeutete gutes Wetter, und die steife Brise konnte noch so rau und kalt über das Meer pfeifen, es geriet deshalb nicht weiter in Bewegung, und die *Abbazia* glitt darüber hinweg wie über eine Rutschbahn. In diesem Fall brauchte man sich keine Sorgen zu machen, Tramontana gleicht den Typen, die zwar reichlich grob, aber grundanständig sind. Schon für weniger verlässlich hielten wir Grecale und Maestrale – Nordostwind und Nordwestwind. Ihre Färbung war ebenfalls vorherrschend blau, die Wasserfläche allerdings kräuselte sich zu Schaumkrönchen und konnte sich nach und nach zu Wellengang ondulieren. »Balleremo un po'«, hieß es dann, aber auch wenn wir ein wenig tanzen würden, war keine wirklich stürmische Überfahrt zu befürchten.

Was uns hingegen bei Südwind zweifellos erwarten würde, zeigte das Meereskolorit mit einem trübgrünlichen Wogen an, dessen Färbung man als »seekrank« bezeichnen könnte. Einer der beiden Südwinde, der Scirocco aus dem Südosten Afrikas – warm, schwer und feucht –, rührte zwar die See heftig auf und hatte eine ähnlich ungünstige Auswirkung auf das menschliche Befinden wie in Alpenländern der Föhn, war aber nicht so gefürchtet wie sein naher Verwandter aus dem Südwesten: der Libeccio. Wir frühmorgens abfahrbereiten Passagiere auf der Terrasse wussten, dass sich Libeccio im Laufe des Tages häufig zu seiner Potenzierung, der Libecciata, auswuchs, nämlich zu so hoher Windstärke und sturmbewegtem Seegang, dass am Nachmittag die Rückkehr der *Abbazia* nach Capri auszufallen drohte und man in Neapel kleben bleiben konnte. Aber damit nicht genug: Selbst wenn es mit Hin- und Rückfahrt klappen sollte, diese Stunden auf See würden uns in einen elenden Zustand versetzen, denn bei Libeccio war unweigerlich *mare di sotto.*

Die Bezeichnung »Meer von unten« deutete den aufgewühlten Zustand der Meerestiefe an, für den die Wellen an der Oberfläche nur ein schwaches Indiz waren. Bei *mare di sotto* stampfte die *Abbazia* auf und nieder, und gleichzeitig vollführte sie eine rollende Bewegung in der Längsachse, einen Fandango, bei dem im Schiffssalon die Sessel über den Boden schlitterten, die Flaschen in der Bar klirrten und die Passagiere grünlich bleich hinaus auf das Deck wankten.

Auch mir ging es dann wie ziemlich allen Fahrgästen an Bord, aber trotz mangelnder Seefestigkeit hätte ich nie als Landratte durchgehen wollen, von der mein Wörterbuch sagt: »Jemand, der zur Seeschifffahrt kein Verhältnis hat.« Ich hatte diesbezüglich sehr wohl ein Verhältnis, schon allein als verwandtschaftliches Erbteil.

Mein Urgroßvater, Michele Desiderio, besaß und fuhr ein großes Segelboot mit acht Ruderern, das als erstes den regelmäßigen Personen- und Postverkehr zwischen Capri und dem Festland besorgte, und zwar zweimal wöchentlich von ungefähr 1860 bis 1880. Es war ein gefahrvoller, anstrengender, von dauernd wechselnden Umständen abhängiger Dienst, denn wenn das Unglück, in welcher Form auch immer, diese Seeleute auf dem offenen Meer überfiel, blieben sie dem Schicksal ausgeliefert: Ihnen fehlte jegliche rettende Ausrüstung, und niemand konnte ihnen vom Festland zu Hilfe kommen. Aus den Familiengeschichten jener Zeit geht hervor, wie wenig ein Menschenleben damals zählte.

An Bord des Postboots von Michele Desiderio arbeitete auch sein Neffe als Schiffsjunge – italienisch *mozzo,* und da er noch ein Kind und so kleinwüchsig war, Mozzoriello genannt –, und als das Schiff in der Meerenge zwischen Capri und der sorrentinischen Halbinsel, von einer Libecciata überrascht, aus dem Ruder lief und kenterte, gelang es den Männern, sich zu retten, aber der arme Mozzoriello ertrank.

In späteren Jahren machte ein anderer Verwandter von mir eine sehr viel erfreulichere seemännische Karriere. »Nomen est omen«, sagt eine altrömische Weisheit, und wenn dem so ist, dann war die Zukunft eines Menschen, der Marino Canale – also »mariner Kanal« – hieß, eindeutig schon durch seinen Namen bestimmt.

Marino Canale hatte alle Meere bereist und viel Erfahrung und Anerkennung gewonnen, als er, gleich nachdem 1927 endlich der Hafen von Capri eingeweiht worden war, Kapitän der *Principessa di Piemonte* wurde. Sie passten ausgezeichnet zusammen, der weiße schnittige Passagierdampfer und Marino Canale, eine schlanke, elegante Erscheinung in einer weißen Uniform. Die folgenden Jahre waren ein glanzvoller Zeitabschnitt für Capri, den Ersten Weltkrieg hatte man vergessen und von dem Zweiten noch keine Ahnung, und in der wachsenden Anzahl der internationalen Besucher der Insel waren die Berühmtheiten aller Länder vertreten. Mit weltmännischer Souveränität empfing Marino Canale Monarchen, Staatsmänner und andere Prominente an Deck des Passagierdampfers wie ein spanischer Grande die Gäste auf seinem Schloss.

Dann brach der Krieg aus, brachte der *dolce vita* eine lange Zäsur und warf die *Principessa di Piemonte* und ihren Kapitän zum alten Eisen.

ԑ

Obwohl viele meiner Capreser Vorfahren als Fischer und Schiffer ihr Brot verdient haben und es auch unter meinen Sylter Ahnen einige gab, die ihren Beruf auf dem Meer ausübten, bin ich ihnen nicht nachgeraten: Ich werde seekrank.

Auch Goethe, wie man in der *Italienischen Reise* liest, befiel 1787, bei seinem Besuch in Sizilien, sowohl auf der Hin- wie auf der Rückfahrt »die unangenehme Empfindung der Seekrankheit«. Er nahm daraufhin in seiner Kajüte »die horizontale Stellung« ein, doch seine »Hoffnung, von der Seekrankheit eher befreit zu sein, traf nicht ein«. Seine Gedanken waren, dem Zustand entsprechend, verdrießlich, doch wie wir es von unserem Olympier nicht anders erwartet hätten, reagierte er wie folgt: »… diese wahrhaft seekranken Betrachtungen eines auf der Woge des Lebens hin und wider Geschaukelten, ließ ich nicht Herrschaft gewinnen.« Er behauptet sogar, in dem miserablen Zustand auf sein Lager geworfen, einige Akte des *Tasso* überarbeitet zu haben.

Wahrscheinlich hat Goethe da geflunkert, sollte er aber tatsächlich in der Verfassung gedichtet haben, »so war er jedenfalls nicht seekrank in des Wortes eigentlicher Bedeutung«. Das schrieb 1900 der längst vergessene Autor von *In Italien*, Heinrich Hansjakob, in einem langen Kapitel über Capri, in dem hauptsächlich von Seekrankheit die Rede ist. Mit dieser Abhandlung verfolgte er einen humanitären Zweck, denn er erklärt darin: »Wenn ich's hier erzähle, so geschieht's nur deshalb, weil ich noch nie gelesen habe, wie arg dieses Leiden ist, und damit du, lieber Leser, wenn du je auf einer Meerfahrt, vom Übel verschont, Menschen siehst, die an dieser Krankheit laborieren, nie einen auslachst, sondern Mitleid fühlst …« Hansjakob laboriert jedenfalls die nächsten zwanzig Seiten daran, und es wurmt ihn am meisten, dass gerade er, »der längste Mann auf dem ganzen Schiff«, dem würdelosen Zustand erlegen ist.

Ich habe hinsichtlich der Seekrankheit viel Erfahrung, nur zu oft habe ich bei *mare di sotto* den Golf überquert – und doch wird mir manchmal schon bei dem bloßen Anblick eines naturgetreu gemalten Seestücks schlecht. In den Nachkriegsjahren musste ich fast täglich zu den Vorlesungen nach Neapel, wo ich mir kein Zimmer mieten konnte, weil das Geld kaum für die Studiengebühren reichte, und dieselben knappen Finanzen meiner Familie brachten es mit sich, dass ich auf der *Abbazia* zweiter Klasse fuhr. Man saß dort unter dem Deck, aber ich war meistens über die Bordwand gebeugt. Immerhin hatten die »besseren« Passagiere über mir auf dem Deck bei hohem Seegang auch nichts zu lachen, und einmal erbrach sich einer von der Reling oben direkt auf mich hinunter. Da war ich jedoch von meiner eigenen Malaise beansprucht und vorübergehend ohnehin mit dem Dasein so fertig, dass die zusätzliche Variante kaum ins Gewicht fiel.

Meine Überfahrten bei stürmischem Meer zwischen Capri und dem Festland waren sich über die Jahre hinweg untereinander ziemlich ähnlich, aber an eine entsinne ich mich, die sich von der generellen Misslichkeit mit einer speziellen Note abhob.

Als ich an einem Wintertag mit starkem Libeccio-Wind am Hafen von Neapel wartete, um nach Capri zurückzufahren, bekam ich den Bescheid, dass der Verkehr zur Insel wegen des Sturms ausfiel. Da ich kein Geld für eine Übernachtung hatte und unbedingt nach Hause wollte, blieb mir nur die Hoffnung, von Sorrent aus die Insel zu erreichen, und ich fuhr mit dem bummeligen Lokalzug hin. Zu meiner Freude sah ich dort am Hafen abfahrtbereit die sogenannte Gemüsebarke und sprang mit einem Satz hinein. Die *barca della verdura,* ein uralter, maroder Kahn ohne Verdeck, war in den Nachkriegsjahren immer noch in Betrieb und übernahm den Transport fast aller auf Capri benötigter Lebensmittel und anderer Waren. Die drei Mann der Besatzung hatten es sehr eilig, sie schienen zu fürchten, dass der Sturm zunehmen würde, und so legten wir gleich ab. Richtige Sitzplätze gab es nicht, also hockte ich mich zwischen aufgehäufte Gemüsekörbe, gestapelte Kisten und hochgetürmte Säcke, und da sah ich erst, dass sich außer mir noch ein Passagier an Bord befand: ein Stier.

Dazu kam es, weil es bis spät in die Fünfzigerjahre üblich blieb, dass einmal im Jahr ein Stier vom Festland nach Capri verschifft wurde, um die drei von Bauern auf dem Tiberiusberg noch gehaltenen Kühe zu decken. Sein Auftritt, wie er an einem Strick über die Piazza geführt wurde, gehörte für die draußen in den Cafés sitzenden Touristen zu den Kuriositäten Capris, und sie begleiteten ihn jedes Mal mit anzüglichem Gewieher, während er durch den Torbogen zur Via Longano verschwand.

Kaum hatte die *barca della verdura* nun das ruhigere Hafengewässer verlassen, begann ein Wellentanz wie auf einer Achterbahn. Ich suchte Halt an dem Frachtgut um mich herum und behielt den Stier im Auge. Als wir die Spitze der Halbinsel umrundet hatten und in die Meerenge zur offenen See hinausfuhren, verstärkte sich das Gewoge haarsträubend. Ich hatte eine solche Angst, dass dieser seelische Zustand alles andere in den Hintergrund treten ließ, weshalb ich nicht einmal seekrank wurde – wohl aber der Stier. Offenbar hatte er mit diesem Übel noch keine Erfahrung, und es machte ihn tierisch wütend. Das konnte ich ihm nachfühlen, ein Bulle ist eine erdverhaftete Kreatur, und diese Eigenschaft teile ich mit ihm, vielleicht, weil ich ihm durch mein Tierkreiszeichen verbunden bin. Jedenfalls litt der Stier ganz schrecklich unter seiner Seekrankheit, und wie unbändig er sich dabei gebärdete, damit hätten Goethe, Hansjakob und ich uns nicht messen können. Er schien wirklich außer sich, zerrte wild an der Kette, mit der man ihn festgemacht hatte, schlug aus und stampfte, schnaubte und muhte herzzerreißend und gab dabei riesige Mengen von sich – und das zu beiden Enden. Schaudernd verfolgte ich, wie er seine Hörner in die Zuckersäcke stieß, sie aufriss und wie sich ihr Inhalt über das dreckige Deck verstreute. Doch der Höhepunkt meiner Panik wurde erst erreicht, als ich merkte, dass sich die drei Crewmitglieder durch den Wind ihre Zweifel darüber zubrüllten, ob es nicht doch vielleicht ratsam wäre, nach Sorrent umzukehren. Da verlor ich den letzten Rest an Würde und Haltung, wankte auf die Männer zu und flehte sie händeringend an, mich doch bitte-bitte-bitte nach Capri zu bringen.

Ermattet und stumm wurden der Stier und ich auf der Marina Grande an Land gesetzt, und vom Hafendamm aus sah ich noch, wie die Besatzung der Gemüsebarke versuchte, den Zucker zurück in die Säcke zu füllen. Ich habe dann während der nächsten Wochen auf Capri alles ungesüßt zu mir genommen.

☙

Ich hege den Verdacht, dass ich schon vor meiner Geburt zum ersten Mal seekrank war, und zwar auf der Überfahrt nach Capri, als meine Mutter von Westerland herreiste, um mich, wie es der süditalienische Brauch wollte, in ihrem Elternhaus auf die Welt zu setzen. Das ist nur eine Vermutung, mit Sicherheit hingegen entsinne ich mich an die erste Gelegenheit, bei der ich Seekrankheit bewusst erlebte.

Im November 1934 – unser Vater war vor ein paar Monaten gestorben – beschloss unsere Mutter, bei ihrer Schwester auf Capri Trost zu suchen und den Winter zu verbringen. Mit dem Zug, der damals einzigen Verkehrsverbindung, dauerte die Reise von Sylt bis Neapel drei Tage und zwei Nächte, und dann musste man noch die in unserem übermüdeten Zustand besonders leidige letzte Etappe bewältigen, nämlich die Überfahrt.

An dem Novembertag war starker Sturm, die *Principessa di Piemonte* tanzte im Hafen bereits vorm Ablegen, es regnete, und die Mutter, das Kindermädchen und wir vier Geschwister – ich siebenjährig und die Jüngeren sechs, fünf und ein Jahr alt – flüchteten in den dünn besetzten Schiffssalon. Schon vor der Abfahrt begann dieses mulmige Gefühl im Magen, und wir waren noch nicht aus dem Hafen, da fingen die Kleineren an zu weinen, und die beiden Frauen hätten ihnen beistehen wollen, hielten sich aber selbst nicht auf den Beinen. Alle sechs lagen wir auf den Polstersitzen verstreut, jeder dem eigenen Elend ausgeliefert. Die Passagiere, die dazu in der Lage waren, torkelten hinaus aufs Deck, an die frische Luft, und selbst der Barmann verschwand. Doch es gab tatsächlich einen im Salon zurückgebliebenen Fahrgast, der nicht seekrank war, und dieser nahm sich unser mit Selbstverständlichkeit an. Von diesem Mann ging ein so starkes, frohgemutes Fluidum aus, dass es mich auch durch meine hundsmiserable Verfassung hindurch erreichte.

Mit sieben Jahren wusste ich noch nichts über unseren Helfer, den russischen Maler Ernst Kronberg, aber meine Capreser Familie war schon lange mit ihm befreundet. Er zählte zu der kleinen Kolonie ungemein vielseitig begabter, interessanter Exilrussen, die nach der bolschewistischen Revolution, 1917, auf Capri gestrandet war. Wie so manch anderer hatte er sich nur einen flüchtigen Besuch vorgenommen, und doch wurde die Insel zu seinem ständigen Wohnsitz. Seiner originellen Künstlernatur gemäß baute er sich eigenhändig ein Haus, das hoch über der Marina Piccola an der Bergwand des Monte Solaro klebt, in nächster Nähe zur Grotta delle Felci, der Höhle, in der sich die ersten prähistorischen Capresen angesiedelt hatten. Zu seinem russischen Freundeskreis zählten Tsera und Assia Solovieck, das bildschöne Schwesternpaar, dessen romantisch-erotische Reize von zahllosen Verehrern gemalt, bedichtet und besungen worden sind. Tsera war eine große Liebe des Schriftstellers Maxim Gorki, und vor seiner endgültigen Rückkehr nach Russland nahmen sie in einem Segelboot vor den Faraglioni mit einem letzten Stelldichein Abschied voneinander. Über diese Trennung tröstete Tsera das Heiratsangebot von Kronberg hinweg, kein schlechter Ersatz, denn nur wenige Menschen haben es wie er verstanden, dem Dasein mit Humor, geistiger Selbstständigkeit und Mitgefühl die besten Seiten abzugewinnen und in jedem, der ihm begegnete, Zuneigung zu wecken. Seine Neffen und Nichten riefen ihn Onkelino, und bald hieß er bei allen so.

Bei jener Überfahrt auf der *Principessa di Piemonte* war er unentwegt um uns sechs Seekranke bemüht, seine große Gestalt hielt sich breitbeinig und sicher auf dem schwankenden Boden. Kam er zu mir, beugte er sich über mich, und ich hörte seine tiefe, sonore Stimme mit dem komischen russischen Akzent, die ermunternd versicherte: »Kaum kommst du an Land, wird dir sofort gut.« Wenn in meinem Leben mal wieder *mare di sotto* war, rief ich mir ins Gedächtnis, was Onkelino mir vermittelt hatte: dass es darum geht, an Land zu kommen.

En-En

Mit Namen geht man auf Capri sehr eigenwillig um. Zum Taufnamen, den jeder hat oder haben müsste – denn auch da gibt es Ausnahmen –, kommen noch Über-, Bei-, Spitz-, Schimpf-, Spott- und Necknamen sowie Pseudonyme. Das ist nicht so verwirrend, wie man denken könnte, jedenfalls kommt es auf Capri nicht häufiger zu Verwechslungen als anderswo auch.

Von manchen Capresen weiß man allerdings nicht, wie sie im Einwohnerregister eingetragen sind, weil man sie nur mit dem Beinamen kennt, der sich auf die ganze Familie erstreckt und dessen Ursprung Generationen zurückliegen kann. So hatten wir viele Jahre lang ein Dienstmädchen, das als Maria di Mezzoculillo bekannt war, also Maria von Halbes Popöchen, nach einer Urgroßmutter, der eine der beiden Hinterbacken fehlte.

Auch was meine Capreser Verwandten angeht, gebrauchte man auf der Insel nicht ihren Familiennamen Desiderio, sondern meistens eine Art Sippenbezeichnung, Chilli di Marzianiello, zu Deutsch: die von Marzianiello. Das bezog sich auf einen Urahnen – Marziale Aniello Desiderio –, einen Baumeister, der Anfang des achtzehnten Jahrhunderts von Amalfi mit dem Auftrag übergesiedelt war, unter Führung des angesehenen Architekten Picchiatti aus Neapel die Domkirche auf der Piazza zu errichten. Der immer wieder gemahnte Architekt ließ sich aber nicht blicken, weil er die Seefahrt und mögliche Überfälle der sarazenischen Piraten fürchtete. Deshalb baute Marziale Aniello die Kirche dann nach Gutdünken zu Ende, und sie ist auch nicht schlecht geworden.

Verständlicherweise wurden alle Ausländer, die sich länger auf der Insel aufhielten und deren Namen für die Capresen schwierig zu erinnern und auszusprechen waren, umgetauft und nach ihrem Aussehen oder dem Lebenswandel benannt. So zum Beispiel die englische Malerin Sophie Anderson, die viele Jahre in der *Villa Castello* lebte. Sie war eine majestätische Person und hatte einen dichten, blendend weißen, von einem feinen Netz zusammengehaltenen Haarschopf und hieß daher Signora Cavolfiore – Frau Blumenkohl –, und ihr Mann, putzig, mit roter Gesichtsfarbe, wurde Signor Ravanello genannt – Herr Radieschen. Ich entsinne mich auch an Teddy Gerard, eine populäre amerikanische Chansonniere, die wohl gern trank, weshalb sie auf Capri als Imbriachella – Säuferlein – bezeichnet wurde, was keineswegs kritisch, sondern eher liebevoll gemeint war.

Aber der Einfallsreichtum der Capresen bei der Verteilung von Spitznamen beschränkte sich nicht nur auf die persönlichen Charakteristika der Ausländer, einige wurden auch mit architektonischen Merkmalen identifiziert. So zwei lesbische Amerikanerinnen, Kathryn Perry und

Saidee Woolcott, die man auf Capri nur als *le torricelle* kannte. Sie verdankten ihren Namen den beiden verglasten Türmchen auf ihrer pseudogotischen Villa.

Der reinkarnierte Christus Döbrich gab sich auf der Insel den Wahlnamen Miradois, und der Schriftsteller Curzio Malaparte hatte den ihm in die Wiege gelegten deutschen und zu biederen Taufnamen Kurt Suckert schon abgelegt und mit einem klangvolleren Pseudonym vertauscht, als er nach Capri kam. Außerdem griff er in die capresische Toponomastik ein, indem er aus Kap Masullo, auf dem er seine Villa errichtete, Kap Malaparte machte. Schließlich uferte seine selbstherrliche, anarchistische Namensgebung aus, und er bezeichnete alles nur »wie ich«: sein Haus, seinen Dackel und, in einem Roman, sogar seine Idealfrau – *Casa come me, Cane come me, Donna come me.*

Wie auch immer es im Einzelnen zu den vielfältigen Benennungen kommt – ob durch die Fantasie der Mitmenschen oder den eigenen Erfindungsgeist –, auf Capri gibt es kaum jemanden, der nur seinen behördlich registrierten Namen trägt.

Auf einen trifft die Regel der vielen Namen allerdings nicht zu, und vielleicht gehört er gar nicht in dieses Buch, denn er ist auf Capri weder geboren noch gestorben, und auch sein Aufenthalt auf der Insel war kurz. Er hat von sich nichts zurückgelassen, und ich nehme an, es gibt kaum jemanden, der sich, wie jetzt ich, an ihn erinnern kann. – Wir, die diese

Zeit auf Capri erlebt haben, sind ja sowieso nur noch wenige. Doch trotz der Bedeutungslosigkeit seiner Existenz für meine Insel bleibt er für mich ein nagendes Rätsel, und nur deshalb rufe ich ihn hier zurück.

Am Fuße des mit der Küste verbundenen und größten Faraglioni-Felsens steht seit ein paar Jahrhunderten ein kleiner Bau mit einem Kuppeldach, wie ein Gugelhupf. Es ist nur ein winziger Raum für den Zollwächter, der aufzupassen hatte, dass niemand das von verdunstetem Meerwasser in den Felslöchern abgelagerte Salz abkratzte und mitnahm, denn Salz war Staatsmonopol. Weil es nicht lohnte, für so geringen Wert einen Aufseher zu bezahlen, stand das Häuschen an diesem gänzlich einsamen Punkt der Insel schließlich leer. Deshalb war ich erstaunt, als ich eines Morgens im ersten Nachkriegsjahr mein Paddelboot in der felsigen Einbuchtung an Land zog und mir der Bau offenbar bewohnt zu sein schien, auch wenn im Augenblick kein Mensch zu sehen war. Ich warf einen Blick hinein. Jemand hatte versucht, sich häuslich einzurichten. Auf dem Fußboden lag eine alte Strohmatte, die übrige »Einrichtung« stand vor dem Häuschen, weil es drinnen zu eng war: ein paar Holzkisten, wie sie vor unserer Kunststoffzeit für Obst benutzt wurden, ein verbeulter Blechtopf, eine Emailleschüssel – alles Strandgut, wie man es nach einer Sturmflut am Ufer aufsammeln kann. In einer Konservendose sah ich einen kleinen Ginsterstrauß und fand es sonderbar, dass jemand, dem es am Notwendigsten mangelte, die Zeit aufbrachte, sich um Dekoratives zu sorgen.

Während ich mich in meinem Paddelboot wieder ent

fernte, sah ich einen mageren jungen Kerl, ungefähr in meinem Alter, also neunzehnjährig, der zwischen den Felsen auftauchte und in den Gugelhupf schlüpfte, als hätte er mein Fortgehen abgewartet.

Im August jenes Jahres lud mich Maria Miradois, unsere ehemalige Lehrerin, die weiterhin in der *Villa Monacone* und somit vis-à-vis der Faraglioni wohnte, wie üblich zu Goethes Geburtstag ein, und da erwähnte sie, dass seit einigen Monaten ein junger Mann in dem Zollwärterhäuschen einen Unterschlupf gefunden hatte. Er müsse bestimmt fremd sein, sie hätte ihn vorher nie gesehen, und er sei immer allein und scheu, aber es sei ihr doch gelungen, ihm manchmal etwas Essbares zuzustecken.

»Wir sind Nachbarn, da hilft man sich gegenseitig«, fügte sie hinzu.

»Er wird ein Kriegsopfer sein. Vielleicht wurde er ausgebombt und hofft, hier Fuß zu fassen …«

Auf meine Vermutung lächelte Maria Miradois nur und bemerkte: »Ich denke, dass er mit einer Botschaft gekommen ist, und es liegt an uns, zu verstehen, was er uns zu sagen hat.«

Sie war überzeugte Theosophin, und das erklärte wohl ihre manchmal verstiegenen Äußerungen, so dachte ich mit jugendlicher Anmaßung.

Einige Zeit danach erzählten sich die Leute auf der Piazza, dass ein Unbefugter Staatseigentum – das Zollwärterhäuschen – besetzt hatte und die Carabinieri eingeschritten waren, um den Bau zu räumen und die verdächtige Person zum Verhör in die Kaserne abzuführen.

Wie immer auf Capri wusste man dann auf der Piazza auch bald, was das Verhör ergeben hatte, nämlich so gut wie nichts. Die Carabinieri hatten weder den Namen noch andere Informationen aus dem jungen Menschen herausgebracht, der ihnen verstört vorkam, aber Italienisch zu verstehen schien. Er wurde von Prozzillo, dem Gemeindearzt, untersucht, und dieser stellte fest, dass er zwar rachitisch und unterernährt, ansonsten aber gesund war.

Der Fall des Fremden erregte Neugier, und als naheliegende Erklärung für sein rätselhaftes Erscheinen kam man allgemein zu dem Schluss, er müsse einen schweren Schock erlitten haben, durch den er das Gedächtnis an die eigene Identität eingebüßt hatte. In den Gegenden, wo der eben beendete Krieg gewütet hatte, war so etwas keine Seltenheit, man hätte haufenweise Beispiele anführen können, hieß es. Wegen der Bekleidung des jungen Kerls nahm man an, dass er vielleicht in Bagnoli beim Militärkommando der Amerikaner als Küchenjunge angestellt und nun beim Abzug der Besatzungstruppen entlassen worden war. Diese Vermutung ließ man bald fallen, denn dass er eine kakifarbene Uniformhose und ein Sweatshirt trug, hatte genau genommen nichts zu sagen, in jenen schwierigen Jahren behalfen wir uns alle mit amerikanischem Militärzeug.

Der Unbekannte erregte nicht nur Neugier, sondern auch

Mitgefühl, und mehrere Familien boten an, sich abzuwechseln, um ihm täglich eine warme Mahlzeit zuzusichern. Die »Damen des heiligen Vinzenz«, ein Wohltätigkeitszirkel von Frauen der guten Gesellschaft, der Bedürftigen entgegenkam, sammelten für ihn gebrauchte Kleidung. Die deutschen Schwestern der *Villa Helios,* die das Altersheim leiteten, erklärten sich bereit, ihm gegen kleine Dienstleistungen ein Lager zur Verfügung zu stellen. Zu diesen an seinem Los interessierten Personen kam überraschend eine völlig neue Kategorie, denn nach zwanzig Jahren Diktatur traten auf Capri nun zum ersten Mal die politischen Parteien in Erscheinung. Mit einem Auge auf die bevorstehenden Wahlen versicherten sowohl die Christdemokraten wie die Kommunisten ihrer Wählerschaft, im Falle eines Sieges wolle man sich tatkräftig für das Wohl dieses Unbekannten einsetzen, den die einen als »uns vom Herrgott Schutzbefohlenen« bezeichneten und die anderen als »vom Kapital ausgebeuteten Proleten«.

Zur allgemeinen Verblüffung nahm der junge Mann, dem all diese Bemühungen galten, keine Notiz von den guten Absichten der braven Capresen: Er ging nicht zu den Familien, die ihm eine warme Suppe verabreicht hätten, nicht zu den deutschen Schwestern der *Villa Helios,* nicht in die Parteilokale und schon gar nicht zu den Villen der »Damen des heiligen Vinzenz«, um sich dort gebrauchte Kleidung abzuholen. Er wies die Angebote nicht eigentlich ab, er schien sie vielmehr nicht wahrzunehmen, und das verstimmte die mildtätigen Leute. Sehr bald kamen alle zu der Überzeugung, dass er mit einer so ungefälligen, verschlossenen Wesensart seine traurigen Umstände verdient hatte. »E'antipatico« war das allseitige Urteil, und damit fiel jegliche zukünftige Bemühung um ihn fort, denn man kann auf Capri auch als Schuft ganz gut weiterkommen, aber wer als unsympathisch gebrandmarkt wird, muss einpacken.

Im Grunde konnte man die Reaktion der Leute verstehen, er war schon rein äußerlich in keiner Weise anziehend – ein blässlicher, nichtssagender Typ, nie ein Lächeln und dazu noch linkisch, unzugänglich, und so jemand erlaubte sich zu ignorieren, wer ihm Gutes erweisen wollte!

Eine Zeit lang spekulierte man noch, wer er sei und woher er denn komme. Er beantwortete alle Fragen zu seiner Herkunft mit Achselzucken und Kopfschütteln, und selbst die Vermutung einer unehelichen Geburt wurde irgendwann auf der Piazza diskutiert.

Ein Angestellter vom Gemeindeamt sagte: »In dem Fall ist er ein N. N., so werden bei uns die Unehelichen eingetragen, auf Lateinisch: Nomen Nominandum – der Name ist noch zu nennen, N. N.«

Die Zuhörer wiederholten: »Aha, er ist ein En-En«, und diese Abkürzung blieb an ihm haften und war gleichzeitig Benennung, Attribut und Beurteilung.

Die Neugier an dem Jungen ließ nach, aber man behielt ihn misstrauisch im Auge, und als man ihn mit der Zeit ständig in Gesellschaft von Pietruccio sah, dem Sohn eines Straßenfegers, der an der Marina Grande wohnte, waren sich alle einig: »Gleich und Gleich gesellt sich gern.«

Der Freund von En-En gehörte zu einer Familie, die aus einer Vorstadt von Neapel eingewandert war und die Karl

Marx zum Lumpenproletariat getan hätte, jener auf der niedrigsten sozialen Stufe stehenden Gesellschaftsschicht, die derart minderwertig ist, dass sie auch zum Klassenkampf nicht taugt. Sein Vater, ein Trinker und erblich belasteter Versager, seine Mutter von chronischen Schwangerschaften erschöpft, seine Geschwister wie er, Schulschwänzer und Flegel, von denen für die Zukunft nichts Gutes zu erwarten war, und alle zusammen gaben sie ein für die Insel völlig untypisches Familienbild ab. Da braucht nicht gesagt zu werden, was die Capresen von ihnen hielten und wie beruhigend sie es fanden, sich über *la feccia napoletana* weit erhaben zu fühlen, weil der neapolitanische Abschaum ja von auswärts kam.

Anfangs hatten die Carabinieri En-En angewiesen, in der einzigen Gefängniszelle des Ortes zu übernachten, weil man nicht wusste, wohin mit ihm. Aber dann erschien der Straßenfeger in der Kaserne und bot eine Unterkunft für ihn an: »In meinen zwei Zimmern sind wir zwölf. Da passt auch ein Dreizehnter rein.« Das sahen die Carabinieri ein und ließen En-En laufen.

Jedenfalls brachte der Umgang mit Pietruccio und dessen Familie keine Veränderung in En-En hervor, er blieb weiterhin schweigsam und verschlossen und dem Aussehen nach blässlich und schmächtig, während sein Blick auch mitten unter Menschen immer in eine Leere zu starren schien. Dabei war sein Freund ein blutvoller, auf vulgäre Weise hübscher Kerl, lärmend, frech und streitsüchtig.

※

In den Nachkriegsjahren gab es auf Capri zwei Kinos: das Cinema Marconi, unter der Terrasse der Funicolare, ein nie gelüfteter Raum, in dem sich der abgestandene Rauch in Wände und Mobiliar eingefressen hatte und die Sitze abgenutzt und wacklig waren, und das zweite, das Cinema Augusto hieß und sich etwas gepflegter ausnahm. Beide waren immer proppevoll, teils, weil man vor dem Fernsehen keine andere Unterhaltung kannte, und teils, weil nun endlich all die längst weltberühmten Filme gegeben wurden, die Faschismus und Krieg den Italienern vorenthalten hatten. Die zwei Kinobesitzer wussten, was bei ihrem Publikum ankam, und verzichteten daher auf anspruchsvoll intellektuelle Autorenwerke. Stattdessen versorgten sie die Zuschauer reichlich mit Western-, Tarzan- und sonstigen Abenteuerfilmen – spannenden Geschichten, die sich in exotischen Ländern abspielten und dem Helden Sieg und Happy End garantierten. Errol Flynn, Douglas Fairbanks, Robert Taylor zählten zu den angehimmelten Darstellern. Besonders ein Film war ein ganz großer Schlager und lief über Wochen, die Leute gingen mehrmals hin und konnten gar nicht genug davon bekommen. Der tollkühne, fabelhaft aussehende Protagonist mit dem Beinamen Beau Geste, den er seinem waghalsigen Schneid verdankte, kommandierte einen Truppenteil der Fremdenlegion, und unter der sengenden afrikanischen Sonne, ungeachtet der feindlichen Übermacht, kämpfte er seinen Männern voran alle Widersacher in den afrikanischen Wüstensand nieder. Die geliebte und, wie zu erwarten, hinreißend schöne Frau empfing den siegreich zum Fort zurückkehrenden Krieger – wenn ich nicht irre, war es eine perfekt frisierte und geschminkte Marlene Dietrich, die in der Wüste auf Stöckelschuhen ihrem Helden in die Arme sank. Das weiße »kepì« der Legionäre blieb dann lange in der Fantasie der Capresen Symbol verwegener Todesverachtung und romantischer Leidenschaft.

Auch En-En und Pietruccio wurden regelmäßig in beiden Kinos gesehen, was die Leute mit abfälligen Kommentaren feststellten, denn sie fragten sich, wie diese Taugenichtse zu den Eintrittskarten kamen.

⸮

Die beiden Freunde verschwanden gleichzeitig von Capri – das muss Anfang 1948 gewesen sein –, und es fiel niemandem auf, außer wahrscheinlich der Familie von Pietruccio. Die hatte allerdings gerade in dieser Zeit ernstere Sorgen, als dem Verbleib des Sohnes nachzugehen, denn der Vater, dem der unmäßige Konsum an Wein und Zigaretten nun mit Trinkerleber und Raucherlunge die Rechnung präsentierte, verkam zusehends zu einem gelbgesichtigen, hustenden Wrack. Er brachte selbst den ohnehin schon immer geringen Arbeitseifer nicht mehr auf, und so fiel der einzige Unterhalt aus, von dem Eltern und Kinder gelebt hatten, denn Sozialhilfe stand in Italien vorläufig erst auf dem Programm der extremen Linkspartei.

Der Straßenfeger sollte die Rückkehr seines Ältesten nicht mehr erleben, der arme Teufel war schon über ein Jahr tot, als sein Sohn unvermutet wieder auf Capri erschien.

»Una vita di merda«, fasste Pietruccio das Erlebte bei seiner Heimkehr zusammen, alles war einfach scheiße gewesen, und diesen Ausdruck wiederholte er, monoton und immer von Neuem wie ein Mantra, des Öfteren und mit besonderem Nachdruck auch auf Französisch: merde. Mehr schien er von der französischen Sprache aus Sidi-Bel-Abbès in Algerien nicht mitgebracht zu haben.

Man holte aus ihm heraus, dass er von Capri nach Algerien abgehauen war, um der Fremdenlegion beizutreten. Dort hatte er sich in der Zentrale in Sidi vorgestellt und war auch ohne große Umstände aufgenommen worden. So weit, so gut, aber von diesem Zeitpunkt an war alles nur noch *merde, merde, merde*. Nichts von dem, was er gemeinsam mit En-En in den capresischen Kinos über die Fremdenlegion erfahren hatte, stimmte, alles ein fauler Zauber – von wegen siegreiche Attacken, Ordensverleihungen, Kameradschaftsgeist, tolle Nächte ums Lagerfeuer. Ihn und die anderen Legionäre – zugegeben, größtenteils Gelump und Kriminelle aus aller Welt – hatten die französischen Generäle – richtige Sadisten – wie Gefangene in den Forts eingesperrt gehalten, um sie dann von den Kriegern der afrikanischen Stämme niedermetzeln zu lassen. Diese Eingeborenen waren blutrünstige Wilde. Von wahnwitzigem Hass gegen die Kolonialherren getrieben, lauerten sie ihren Opfern aus dem Hinterhalt auf und säbelten ihnen Kopf und Hände ab. Er, Pietruccio, hatte lieber den Tod riskiert, als ein solches Scheißleben noch länger auszuhalten. Dass ihm die Flucht gelungen war, verdankte er San Gennaro, dem Schutzheiligen von Neapel, und natürlich unserem

Patron San Costanzo, sie hatten das Wunder gewirkt, ihn vor den Häschern zu bewahren, die ihn zurückgebracht und dem Exekutionskommando ausgeliefert hätten, denn wie jeder wusste, machten sie in der Legion mit Deserteuren kurzen Prozess, der Fahnenflüchtige wurde glattweg an die Wand gestellt …

Nach ein paar Wochen begann Pietruccio, seine Erlebnisse in Algerien ganz anders wiederzugeben, und glich sie immer mehr den fesselnden Filmen an, in denen die schneidigen Fremdenlegionäre ein romantisches Abenteuerleben führten. Die Zuhörer waren beeindruckt, und wie von selbst kam es zu seinem Beinamen: Beau Geste, nach dem Filmhelden, dessen Taten er auf der Capreser Kinoleinwand verfolgt hatte.

⸘

Fast niemand erkundigte sich nach En-En. Und alles, was diejenigen erfuhren, die Pietruccio doch nach ihm fragten, lässt sich in wenigen Worten zusammenfassen. Er hatte sich gemeinsam mit Pietruccio aus Capri fortgemacht, ohne Ausweis und ohne Geld. Sie waren getrampt, als blinde Passagiere mit dem Zug bis Genua gekommen und von dort mit einem griechischen Frachter in Oran gelandet. So untergewichtig und rachitisch, wie En-En war, hätte man ihn nie in die Fremdenlegion aufgenommen, aber er kam auch nicht dazu, sich in der Zentrale vorzustellen. Schon während der Reise war er erkrankt, und der schmerzhafte, eitrig-blutige Durchfall hatte nie nachgelassen und seine wenigen Kräfte aufgezehrt. *Cacasangue,* Blutscheiße, nannte Pietruccio die Krankheit, und unser Gemeindearzt Dr. Prozzillo übersetzte den mundartlichen Ausdruck mit Ruhr, einer schweren Darminfektion, die in einem geschwächten Körper rasch zum Tod führt. En-En starb unbemerkt und wurde verscharrt – wo genau, wusste Pietruccio nicht und sagte nur: »Kein richtiges Grab, er hatte ja auch keinen Namen.«

؟

In der Bucht, am Fuße des größten Faraglioni-Felsens, spielt sich nun seit vielen Jahren ein elegantes, auch hohen Ansprüchen genügendes Badeleben ab. Die zerklüfteten Felsbrocken am Ufer hat man teilweise abgeflacht und als Boden für die Umkleidekabinen zementiert. Die beiden exklusiven und entsprechend teuren Restaurants und Bars werden gut besucht, und die meisten Kunden lassen sich von einem Motorbootservice übers Meer hinbringen, weil ihnen der steile Pfad von Tragara zu beschwerlich ist. Auf einem Paddelboot anzukommen, wie ich damals, wäre jetzt, bei dem pausenlosen motorisierten Schnellverkehr um die Insel, lebensgefährlich.

Inmitten der Badefreuden de luxe am Faraglioni-Felsen steht das Zollwärterhäuschen unverändert da und wirkt deplatziert: ein prähistorisches Rätsel, wie ein kultischer Hinkelstein. Wer kann sich heutzutage auch vorstellen, dass es einmal Capresen gegeben hat, die sich die Mühe machten, etwas Meersalz für ihre Spaghetti aus den Felslöchern zu kratzen, und ein Zollwärter extra angestellt war, es ihnen zu verwehren?

Auch die *Villa Monacone* gibt es noch, und sie bleibt, als einzige Nachbarin der Faraglioni, ein Stück des Panoramas. Bestimmt wird sie weiterhin von sonderbaren Schicksalen bewohnt sein, aber unsere alte Lehrerin, Maria Miradois, ist längst ausgezogen, zum Friedhof. Ich, nunmehr altersmilde geworden, denke, dass sie doch recht hatte und der namenlose En-En tatsächlich ein Bote war. Nur haben wir leider nicht verstanden, was er uns zu sagen hatte.

Maledetto forestiero

In einem berührenden Brief, den der Industrielle Friedrich Alfred Krupp an den Arzt und Naturforscher Ignazio Cerio sandte – es war 1902, kurz vor seinem Tod, und in Deutschland tobte der Skandal um seine angeblich homoerotischen Neigungen –, sagte er: »Sie, die Sie wissen, wie glücklich ich auf Capri war, meiner zweiten Heimat, und wie ich mich selber mit Stolz als Caprese fühlte, werden meinen Kummer verstehen. Ich werde nie vergessen, was Sie und Ihre Söhne für mich gewesen sind. Sie haben mich vom ersten Augenblick an als Freund behandelt, ohne dass ich je gefühlt hätte, ein *maledetto forestiero* zu sein ...«

In seinem Brief schrieb Krupp die Bezeichnung »verdammter Fremdling« auf Italienisch, so wie er sie auf der Insel gehört hatte. Heute wird es verblüffen, dass ein so abfälliges Urteil einst tatsächlich die Meinung der Capresen ausdrückte und sie in den Besuchern ihrer Insel unerwünschte Eindringlinge sahen. Die Voreingenommenheit und das Misstrauen gegen die Fremden waren den Einwohnern hauptsächlich von den Priestern eingeflößt worden, für die alle Nichtkatholiken der göttlichen Verdammung sicher sein konnten – und dazu zählten die meisten reisenden Ausländer in jenen Tagen, besonders, wenn sie aus nordischen Ländern kamen. Wer nicht im Schoße der Sancta Romana Ecclesia lebte – ganz gleich, ob Heide, Ketzer, Agnostiker oder anderen Religionen angehörig –, galt daher auf Capri als *maledetto forestiero,* und starb er, wurde ihm die Bestattung in der geweihten Erde des Friedhofs verweigert, und man vergrub die gottverdammte Leiche heimlich an einer entlegenen Stelle. So verfuhr man noch bis um 1870, als Ignazio Cerio und einige auf der Insel ansässige Ausländer sich zusammentaten und den Fremdenfriedhof begründeten, auf dem jeder Verstorbene, einerlei, ob religiös oder nicht, von nun an ein Grab bekam.

Aber schon zu Krupps Zeiten war der Fremdenverkehr längst die Hauptverdienstquelle der Capresen geworden, er hatte ihren Lebensstandard unglaublich gehoben, und angesichts der effektiven Vorteile fragte sich keiner mehr, welchem Glauben ein Gast angehörte, solange er nur solvent war. Der Kunde war somit auf Capri König geworden und der *maledetto forestiero* ein anachronistisches Relikt.

Die Capresen sind zweifellos geschäftstüchtig, doch es ist nicht alles Berechnung, und wenn sie einen Touristen, selbst nach einer mehrjährigen Abwesenheit, mit Entzücken wiedererkennen und begrüßen und dieser gerührt und gebauchpinselt glaubt, ein schmerzlich vermisster Lieblingsgast zu sein, so spielen sie da keineswegs Theater – ihre Freude entspringt einfach der charmanten Menschenfreundlichkeit des Süditalieners.

Der Schönheit, Lage, Geschichte und Eigenart verdankt Capri seine Anziehungskraft, die einen unablässigen Besucherstrom herführt. Die bescheidene Piazza dient als Drehscheibe internationaler Berühmtheiten, aber die Prominenten, denen man auf der kleinen Insel täglich begegnet, werden von den Capresen kaum wahrgenommen oder blasiert übersehen. Als Nachkommen eines alten Volkes sind sie abgebrüht und lassen sich nicht beeindrucken. So erzählte Edwin Cerio davon, wie er in den Zwanzigerjahren dem Begründer des Futurismus Filippo Tommaso Marinetti, der sich einen Anzug machen lassen wollte, den Schneider Strina empfohlen hatte. Marinetti zeigte sich mit dem Ergebnis höchst zufrieden und versicherte, dass es auch sein erstklassiger Schneider in London nicht besser gekonnt hätte, worauf Strina in seiner Mundart achselzuckend zurückgab: »E cche hanna ffà a Londra …« – »Was sollen sie schon machen in London …«

Innerhalb der stetig anschwellenden Capri-Literatur erschien vor ein paar Jahren, als Gegenpol zu den Lobgesängen, die sonst veröffentlicht werden, ein Buch mit dem Titel *Capri-Hass,* in dem die abfälligen Äußerungen bekannter Persönlichkeiten zusammengetragen wurden. Man erfährt daraus, dass Brecht die Insel »eine verdammte blaue Limonade« nannte und Sartre die Piazza als »Spucknapf voller Klatsch« abfertigte. Aber was über Capri geschrieben wird, kaufen nur die Fremden, bestimmt nicht die Capresen. Ihnen ist die Leseunlust angeboren, weshalb sie Hymnen wie

Ablehnung in gedruckter Ausführung ignorieren und sich nicht um die Anwesenheit oder gar die Meinung ihrer prominenten Gäste scheren.

Ich teile die blasierte Gleichgültigkeit meiner Inselmitmenschen nicht und finde es fast immer aufschlussreich, Persönlichkeiten, von denen man aufgrund ihres Rufs oder ihrer Werke bereits eine Vorstellung hat, dann in natura zu erleben.

Künstler, Literaten, Wissenschaftler und zuweilen auch Diplomaten, Industrielle oder Politiker, die sich für Capris Geschichte interessierten, Informationsmaterial oder Vermittlung brauchten, suchten Edwin Cerio auf, und daher hatte ich in den fünfzehn Jahren unseres Zusammenlebens Gelegenheit, einige der mehr oder minder namhaften Besucher kennenzulernen.

Manche der damaligen Prominenten haben inzwischen an Popularität eingebüßt. So wird der einst sehr beliebte Schriftsteller Stefan Andres, mit dem mich Freundschaft verband, heute wohl kaum noch gelesen, und der französische Autor Roger Peyrefitte, der sich in den Fünfzigerjahren bei Erscheinen jedes seiner Bücher über einen Skandal freuen durfte, würde in unserer sexuell ausgebufften Gesellschaft bestimmt kein Aufsehen mehr erregen. Andere hingegen sind der Welt erst mit der Zeit ein Begriff geworden. Ein Beispiel dafür ist der Dichter Pablo Neruda, der 1952 so gut wie unbekannt nach Italien kam, vier Monate still und übersehen bei uns auf Capri lebte, aber dessen Ruhm und weltweite Beliebtheit seither, und nun auch viele Jahre nach seinem Tod, ständig wachsen.

Ich könnte von diesen Begegnungen erzählen, kleine Anekdoten anführen, wie sie aus dem Zusammensein mit interessanten Menschen oft erfolgen, und lasse es doch bleiben, denn erstens gibt es über illustre Personen ohnehin genug Berichte, und zweitens möchte ich nicht des *name dropping* verdächtigt werden. Aber ich habe noch einen dritten und eigentlichen Grund, lieber andere Motive zu wählen.

Erfahrungsgemäß ist es bei alten Leuten der Fall, dass ihr Gedächtnis die weit zurückliegenden Erlebnisse mit besonderer Intensität und Lebendigkeit bewahrt hat, weil sie selbst in der Frühzeit des Daseins ein noch unbeschriebenes Blatt waren, für alle neuen Eindrücke empfänglich, sodass diese frühen Impressionen sie auf unvergängliche Weise geprägt haben. Mir sind heute die in der Kindheit gemachten Begegnungen innewohnend und von meiner Beziehung zu Capri untrennbar, und es ist eine sonderbare Umkehr des Zeitlaufs, dass diese, die fernen, mir jetzt näherstehen als die später erlebten.

⸮

Das von unserem Großvater um 1889 an der Marina Piccola errichtete Haus fand mit dem Erscheinen der Malerin Lucy Flannigan, dem für fünfunddreißig Jahre nie zahlenden Dauergast, seine Bestimmung als Künstlerpension auf eine so eigentümliche Art, wie es dem Wesen seines Erbauers entsprach. August Weber, selbst Künstler, hatte ein offenes Herz für seine Zunftbrüder, und waren sie schlecht bei Kasse, verzichtete er großzügig auf seinen Verdienst und konnte sich das leisten, weil ihn die wohlhabende Familie von München aus unterstützte. So fehlte es nie an Gästen, und auch die künstlerisch weniger begabten oder ambitionierten hinterließen mit dichterischen Ergüssen Spuren in den zerfledderten und brüchigen Gästebüchern, die langsam wie die Schriftrollen vom Toten Meer zerfallen. Vielleicht war es die capresische Luft, die selbst vernünftige Bürger, die sich in der Heimat in schlichter Prosa ausdrückten, hier zu Dichtern mutieren ließ, jedenfalls fühlte sich damals jeder beliebige Besucher der Insel zu poetischem Niederschlag inspiriert. Doch die Menschen, die sich vor dem Ersten Weltkrieg erlauben konnten, zu reisen, reimten nicht nur, sondern sie zeichneten und aquarellierten, und die in den Familien gepflegte Hausmusik hatte auch das musikalische Empfinden gefördert. Man sang und dichtete und pinselte und produzierte sich mit seinem Resultat vor den Gefährten und anderen Pensionsgästen, denn die Geselligkeit galt als unerlässlich zur Ferienfreude, wie man den zahlreichen verbliebenen Berichten entnimmt. Sicher waren diese Liebhaber der Künste Dilettanten von begrenzter Güte, aber zweifellos hatten sie großen Spaß an der Ausübung ihrer Talente, und damals gehörte es auch noch zu der von Schule und Familie vermittelten Bildung, seinem musischen Empfinden Ausdruck zu verleihen.

Die Anreise mit Zug oder Dampfer dauerte lange, und entsprechend ausgedehnt war der Aufenthalt der Besucher, oft über Monate, und Weber gedenkt im Gästebuch eines Herrn Löbel, der »vier Jahre bei uns verweilte«. Man hatte

Gelegenheit und den Wunsch, sich anzufreunden, ging zusammen schwimmen und wandern. Für die langen Abende in der Pension, beim Licht der Petroleumlampen (denn die Fremdensaison erstreckte sich damals vom Herbst bis Ende Mai), dachte man sich einen Zeitvertreib aus, Verkleidungen, Pantomimen, vergnügte sich mit Rätselraten, spielte Theater, trug Gedichte und Lieder vor. Man war komisch und naiv, manchmal vielleicht auch albern, und doch empfinde ich rückblickend etwas Neid für so viel Unbeschwertheit.

Diese Zeitspanne, ungefähr ein Vierteljahrhundert von der Gründung der Pension an der Marina Piccola bis 1914, war hinsichtlich des Lebensgefühls der Gäste und der von ihnen ausgeübten Künste eine Art Blütezeit von Athen in humorvoller Variante mit August Weber als *Spiritus Rector*. Er war Pazifist, ein Menschen- und Naturfreund, und ging als Vegetarier so weit, dass er nur seine selbst genähten Stoffschuhe trug, damit kein Tier seines Schuhwerks wegen umgebracht wurde. Dann brach der Erste Weltkrieg aus, die Geldsendungen von München nach Capri versiegten, ebenso der Fremdenverkehr, und als sich nach Jahren die Grenzen wieder öffneten, erschien vieles verwandelt, vor allem die Stellung und die Gewohnheiten der bürgerlichen Gesellschaft. Auch in der Pension Weber gab es Änderungen – immerhin wurden den Gästen jetzt Rechnungen ausgestellt.

Wir vier Geschwister haben unseren Großvater und seinen schnurrigen Parnass nicht mehr kennengelernt, aber seine immaterielle Präsenz und die hinterlassenen Spuren –

die vielen handgeschriebenen Bücher, die Bilder und Karikaturen, die zahllosen Zementtäfelchen mit Sinnsprüchen und Versen, die Weber nicht nur an den Wänden des eigenen Hauses, sondern auch an verschiedenen die Straßen der Insel säumenden Mauern angebracht hatte – haben unser Leben als Erwachsene wie ein drolliges Vermächtnis begleitet.

Leibhaftig anwesend hingegen, real und unmittelbar, waren einige Menschen, die während der Dreißigerjahre, jener kurzen Atempause vor dem nächsten Weltkrieg, ihren Aufenthalt auf Capri in unserer Pension verbrachten und die uns so nachhaltig beeindruckten, dass meine Erinnerung an sie noch heute lebendig ist.

Von den »Großen« bekamen Kinder damals allgemein einzig Verhaltensregeln vermittelt, undenkbar ein Gespräch auf Augenhöhe, ein Gedankenaustausch, und das war für uns Geschwister nicht anders. Man betreute uns, fand es aber nicht weiter nötig, sich mit uns über das Praktische hinaus zu befassen. Auch die Gäste, die sich eine Zeit lang im Haus aufhielten – und manche kehrten über Jahre immer wieder –, schenkten uns selten Beachtung, aber umso aufmerksamer nahmen wir umgekehrt sie wahr, vermerkten ihre Eigenheiten, studierten Aussehen und Verhalten, und aus diesen Beobachtungen dichteten wir unter uns Geschichten über sie zusammen.

෫

Nach dem Tod unseres Vaters war die Mutter mit uns zu ihrer Schwester nach Capri gefahren, und in der Pension unserer Tante verbrachten wir den Winter 1934. Wir vier Geschwister schliefen mit Schwester Edelgard, dem Kinderfräulein, in Zimmer Nr. 11 und wurden strikt angehalten, keinesfalls Lärm zu machen, damit der Gast nebenan in Nr. 12 nicht gestört wurde. Er seinerseits war vollkommen geräuschlos und blieb für uns auch unsichtbar, bis wir eines Tages nach langen Ermahnungen die Erlaubnis bekamen, mit den Gästen im Speisesaal zu essen.

Mr Lesley Lang war Engländer – das hatten wir aus den Gesprächen der Erwachsenen aufgeschnappt –, von schmaler, hochgewachsener Gestalt, blond, außerordentlich gepflegt und in unauffälliger, nonchalanter Weise sehr elegant. Alles an ihm – Tonfall, Gesten, Auftreten – wirkte gedämpft und irgendwie pastellfarben. Er erschien nur zu den Mahlzeiten, stets im korrekten Anzug, und seine Augen blinzelten wegen der Helligkeit draußen, denn er blieb tagsüber ständig mit einem Schlafrock aus Kaschmir oder einem seidenen Kimono bekleidet auf seinem Zimmer. Die Tür zur Terrasse und auch die Fensterläden waren immer geschlossen; drinnen verbreitete eine einzige elektrische Lampe gelblich schwaches Licht, aber im Halbdunkel erkannte man, dass Mr Lang der gewöhnlichen Pensionseinrichtung mit Wandbehängen, dekorativ arrangierten Kissen, kleinen Teppichen und einer bemalten Spanischen Wand, die den Waschtisch kaschierte, eine orientalische, anspruchsvollere Note verliehen hatte. In seinem Zimmer schwebte ein wie aus vielen Aromen komponierter Geruch, den ich begierig einatmete und der mir angenehm zu Kopf stieg. Ab und zu rief uns der Brite nämlich zu sich hinein und beschenkte uns mit Dingen, die Kinder normalerweise von Erwachsenen nicht bekamen und die wohl auch den meisten »Großen« unserer Bekanntschaft fremd waren: leere Parfumfläschchen; sehr hübsche Puderschächtelchen ebenso aufgebrauchten Inhalts wie die zierlichen Flakons mit goldenen Etiketten; Briefumschläge aus dünnem Reispapier mit sonderbaren Stempeln, Siegeln und Briefmarken; kleine Dosen, Etuis, Tüten aus Leder, Stroh, Metall und Glas, auch diese entleert. Vielleicht hatten sie Tee, Spezereien oder Essenzen enthalten, und sie waren mit exotischen Buchstaben – chinesischen, arabischen, kyrillischen? – beschriftet. Weiter waren da winzige Knäuel von Seidengarn, glitzernde Zwirnröllchen und vertrocknete und holzhart geschrumpfte runde kleine Früchte, die wie brasilianische Maracas klöterten. Wir horteten unsere Schätze, jeder seinen eigenen, an einem geheimen Platz (wie wir meinten) und gingen immer wieder verstohlen hin, um daran zu schnuppern, denn jedes Ding hatte einen ganz eigenen Geruch, das duftende Fluidum seiner fernen, mysteriösen Herkunft.

Die Köchin Teresina und die jungen Bauernsöhne aus Sorrent, die im Haus arbeiteten, tuschelten miteinander, der Gast in Nr. 12 sei *zui zui,* und das spaßige Wort, das wie Vogelzwitschern klang, bedeutete schwul, wie ich nach Jahren erfuhr.

Abends, wenn wir schon im Bett lagen und Schwester Edelgard das Licht ausgemacht hatte, hörten wir an dem

schwachen Quietschen der Tür, dass der Herr von nebenan sein Zimmer verließ. Leise ging er an unserem vorbei,
ein Huschen, wie der leichte Flügelschlag der ausfliegen-
den Nachtvögel, und mit ihnen kehrte er bei Morgengrau-
en zurück.

Ich erinnere mich gern an Mr Lang, an seine elegante Erscheinung und sein höfliches Wesen, und von ihm weiß ich,
wie das perfekte Geschenk sein müsste: gänzlich ohne ma-
teriellen Wert, einzig und allein der betörende Zauber eines rätselhaften Dufts.

؟

Franz Bergner kam immer zu Frühlingsanfang und stets von
seiner Frau begleitet, die ihn beim Gehen stützen musste.
Wie üblich bewohnten sie Nr. 7. Zu diesem Zimmer gehörte ein kleines Kabuff auf der Terrasse, worin er vor der Ab-
reise sein Badezeug und das ganze Zubehör, mit dem er täglich unter Wasser Seetiere und Meerespflanzen beobach-
tet hatte, verstaute. Auf das Türchen dieses Abstellraums
hatte er in roter Ölfarbe ein von einem Pfeil durchbohrtes,
bluttropfendes Herz gemalt, und unter diesem Symbol erstreckte sich eine ständig länger werdende Reihe von roten
Zahlen, nämlich den Daten seiner Besuche auf Capri, die er
Jahr für Jahr auf die Tür schrieb. Er tat dies jeweils am Tag
des Abschieds, und die blutige Farbe der Schrift schien seinen Trennungsschmerz auszudrücken.

Seine Frau war unablässig hilfsbereit in der Nähe, jedem seiner Wünsche zuvorkommend. »Sie ist eine Heilige,

weil sie das mitmacht und aushält«, sagte unsere Tante mitfühlend, denn Herr Bergner war unwirsch im Umgang, er wirkte verschlossen und düster, als würde er mit sich selbst hadern, und sein gequälter Gesichtsausdruck schreckte alle ab. Allerdings hatte er gute Gründe für sein ungefälliges Verhalten: Im Ersten Weltkrieg war er an der Wirbelsäule schwer verletzt worden und litt seither bei jeder Bewegung an Nervenschmerzen, die keine Medikamente zu lindern vermochten. »Es ist ja ein Wunder, dass er überhaupt am Leben geblieben ist«, sagte Frau Bergner zu unserer Mutter, mit der sie sich aussprach und erklärte, dass ihr Mann die dauernde Pein nur vergessen konnte, wenn er sich im Wasser aufhielt. »Im Meer wird er die Körperschwere los und dadurch auch die Schmerzen. Es ist fast, als wäre er auf einmal wieder gesund und geschmeidig, so leicht und beweglich fühlt er sich. Ja, und dann kann er da auch seine große Leidenschaft ausleben: hinabtauchen in diese große Stille der Meerestiefe, herumschwimmen und die Tiere und Pflanzen beobachten. ›Du glaubst es nicht‹, sagt er immer ganz glücklich zu mir, ›was das da unten für eine fantastische Welt ist!‹«

Frau Bergner badete und tauchte nicht, sie wartete geduldig am Ufer, dass ihr Mann heranschwamm, um dann dem Unbeholfenen aufzuhelfen und ihm Halt zu geben, während er sich aus dem Wasser wuchtete und, mühsam über den steinigen Strand tapsend und torkelnd, wieder zu seiner gequälten irdischen Existenz zurückfand.

Der Anblick von Herrn Bergner mit seinem stummen, schmerzverzogenen Gesichtsausdruck hat uns von der frühen zur ausgehenden Kindheit begleitet bis zur Jahreszahl 1942, der letzten, die unter dem blutenden Herzen eingetragen wurde. Das war mitten im Krieg, und danach gab es in der Pension keine Gäste mehr. Erst Ende 1948 kam unser Briefverkehr mit Deutschland wieder in Gang, und der älteste Sohn der Bergners schrieb, seine Mutter sei an einem Herzinfarkt gestorben und wenige Monate danach, bei einem Bombenangriff auf Köln, auch sein Vater. Wie sonderbar das Schicksal spielt: Herr Bergner war, trotz der schweren Verletzung, einem Krieg entkommen, aber dann hatte ihn der folgende doch eingeholt, und man wird an die Geschichte aus *Tausendundeiner Nacht* erinnert, in der der Tod unerbittlich den vor ihm Flüchtenden zum »Stelldichein in Samarra« abfängt.

Die roh gezimmerte Türe des kleinen Abstellraums mit der langen Reihe von Jahreszahlen und dem bluttropfenden Herzen ähnelte einer Grabtafel und blieb unverändert, bis unsere Tante zu Beginn der Fünfzigerjahre genug Geld hatte, um die Pension zu modernisieren. Das ganze Haus wurde renoviert, jedes Zimmer bekam ein eigenes Bad, und bei dieser Gelegenheit brach man das Türschloss auf und räumte das Kabuff von Nr. 7 aus. Es kam eine Menge Zeug zum Vorschein: Schwimmflossen, Tauchermasken, Sandalen, Badekappen, Gummimatratzen, altmodische Badehosen (die aus dicker schwarzer Wolle mit weißem Gürtel), Holzpantinen, Schnorchel, Handtücher, Frotteebademäntel – alles von modrigem und stockigem Geruch, verklebt, verschimmelt, löchrig, vom Salzwasser zerfressen, rostig und morsch.

»Robaccia«, Dreckskram, stellten die Handwerker fest, karrten ihn weg, und es war wie die Schändung eines Grabes.

§

Schon vor meiner Geburt war Professor Ephraim Liebermann Stammgast unserer Pension, aber meine erste Erinnerung an ihn stammt aus dem Sommer 1938, als meine Geschwister in Westerland blieben und nur ich die Schulferien auf Capri bei unserer Tante verbringen durfte.

Er lebte in Budapest, genoss als Altphilologe durch seine Werke auch im Ausland Ansehen, und seine Erscheinung war ungemein auffallend. Er war hochgewachsen und hatte den eindrucksvollen Kopf eines biblischen Propheten mit markanten Zügen, melancholischen, tief liegenden Augen, einem wirren Bart und weißem Haar, das ihm, allem Anschein nach ungekämmt, in Büscheln vom Schädel abstand. Ihm war wie immer Nr. 6 reserviert worden, weil sich dieses Zimmer sehr abgelegen am Ende der langen Terrasse befand und, wie er es ausdrücklich wünschte, die anderen Pensionsgäste nicht daran vorbeikamen. Er ging frühmorgens kurz schwimmen und blieb die übrige Zeit auf seinem Zimmer. Einmal zu jedem Aufenthalt bekam er Besuch von seiner langjährigen Bekannten, der Baronin Gudrun von Uexküll (geborene von Schwerin, Ehefrau des berühmten Philosophen Jakob von Uexküll und Freundin von Rilke und Munthe), die in der *Villa Discopoli* wohnte.

Zu dieser Zeit, 1938, war Professor Liebermann mindestens siebzig Jahre alt und nach langer, progressiver Schwerhörigkeit nun völlig taub, eine Behinderung, die ihn sehr zu bekümmern schien. Obwohl er eine Instanz war, wenn es um tote Sprachen ging, konnte er kein Italienisch, meinte aber sonderbarerweise, man müsse ihn bei uns auch verstehen, wenn er Latein sprach. Das war natürlich nicht der Fall, und besonders die Dienstleute der Pension, alle aus Bauernfamilien der Sorrentiner Halbinsel, die nicht mehr als ihre eigene Mundart begriffen, guckten ihn ratlos an, wenn er sie ansprach. Zudem flößten ihnen seine große, Achtung gebietende Gestalt und die dumpfe, kehlige Stimme eine abergläubische Angst ein, und sie mieden ihn. Deshalb wurde immer ich geschickt, wenn der Gong die Gäste in den Speisesaal rief, um dem tauben Professor Bescheid zu sagen. Bereits auf der Treppe zur Terrasse hörte ich, wenn er wieder weinte. Durch die nur mit einem Moskitonetz bespannte Tür sah ich ihn am Tisch sitzen, den Kopf zwischen den Händen, laut schluchzend. Ich fürchtete mich keineswegs vor ihm, aber es war mir peinlich, einen Erwachsenen in dieser Verfassung zu ertappen, ich zögerte verlegen, und nur weil ich Schelte von meiner Tante vermeiden wollte, überwand ich mich, trat ein und zupfte ihn am Ärmel. Dann starrte er mich geistesabwesend an, gleichgültig, dass mir sein tränennasses Gesicht auffallen musste, erhob sich und kam hinter mir her über die Terrasse und die Treppe hoch zum Speisesaal. Dabei murmelte er:

»Manducemus et bibamus, cras enim moriemur.«

Eine existenzielle, lähmende Müdigkeit, die jeglichen

Rettungsversuch für aussichtslos hielt, muss Professor Liebermann dann im Zweiten Weltkrieg daran gehindert haben, sich rechtzeitig in Sicherheit zu bringen. Von der Baronin Uexküll erfuhr unsere Tante nach dem Krieg, dass man ihn bei einer Judenrazzia in Budapest festgenommen und nach Theresienstadt gebracht hatte und dass er seither verschollen war.

Die lateinischen Worte, die er immer gemurmelt hatte, wenn ich ihn zum Essen abholte, bedeuten: »Lasset uns essen und trinken, denn morgen werden wir sterben.« Der Apostel Paulus hat sie geschrieben in seinem Ersten Brief an die Korinther.

Ihrer Namen kann ich mich nicht mehr entsinnen, aber ihr Aussehen erinnere ich in jeder Einzelheit. Sie glichen sich vollkommen, dasselbe Modell in männlicher und weiblicher Ausführung, beide rund, füllig, lauter Kurven, als personifizierten sie die Gesetze der Kugelgeometrie, beide mit demselben makellosen Teint eines Babys, trotz ihrer ungefähr fünfzig Jahre, derselben kindlich hellen Kopfstimme. Das freundlich bejahende Glucksen beim Zuhören und auch ihr Gang – die zierlich gesetzten Schrittchen der Gutbeleibten – waren gleichartig.

Das reizende Paar kam aus Berlin, und die vollendeten Manieren, das gepflegte Aussehen und der nicht zur Schau getragene Wohlstand ließen die Zugehörigkeit zum soliden Großbürgertum erkennen. Er und sie schienen füreinander geschaffen zu sein, und vor allem in ihrer überaus drolligen Esslust waren sie einander innigst verbunden. Man vermutete beinahe, sie müssten sich in einer eleganten Konditorei begegnet sein und ineinander verliebt haben oder in einem erstklassigen Delikatessengeschäft, vielleicht auch in einer Probierstube für Qualitätsweine. Er könnte ihr mit einer Schachtel Marrons glacés den Hof gemacht haben, sie wird ihm seufzend in die Arme gesunken sein, auf den Lippen das Aroma einer Terrine Gänseleber mit Trüffeln, und dann beim Tête-à-Tête im Chambre separée des Adlon, vom warmen Glanz einer Omelette flambée umflutet, wird er ihr seinen Heiratsantrag gemacht haben.

Ihr Tisch stand seitlich von unserem, und trotz des Verbots, Gäste anzustieren, brachten wir Geschwister es einfach nicht fertig, unsere Neugier zu bezwingen, und so ließen wir sie nicht aus den Augen. Fasziniert und einzig bemüht, nicht loszuplatzen, beobachteten wir das Paar. Ihre Pantomime wiederholte sich zu jeder Mahlzeit: Er rückte ihr den Stuhl zurecht und wartete stehend, dass sie sich setzte, dann küsste er ihre Hand und nahm selber Platz. Und nun begann die Zeremonie, denn tatsächlich zelebrierten sie die Nahrungsaufnahme, nahmen jeden Bissen mit Andacht zu sich, langsam und konzentriert den Geschmack auskostend, sie nickten sich beifällig zu und sagten »Lecker!« oder auch »Köstlich, köstlich …«. Und wenn Peppino, der junge Mann, der bei Tisch bediente, ihnen einen Gang das zweite Mal anbot, ermunterten sie sich gegenseitig: »Aber ja, nimm noch ein Scheibchen.«

Wir hörten sie mit gespielter Verzweiflung die Köchin

Teresina tadeln, weil diese einfach zu gut kochte und sie beide deshalb zugenommen hätten.

»Tutta salute, signò«, versicherte Teresina, die, selbst gut gepolstert, dem Maler Botero hätte Modell sitzen können.

Auch die Kosenamen, mit denen sie sich anredeten – er sagte Mausi zu ihr, und sie nannte ihn Häsi –, fanden wir Geschwister wahnsinnig komisch. Zu uns waren sie sehr nett, hatten nie etwas auszusetzen, schenkten uns Süßigkeiten und bedauerten, sie selbst hätten ja keine Kinder bekommen. »Leider, leider«, wiederholten sie mit flüchtiger Wehmut, und wer sie betrachtete, versuchte automatisch, sich ihre möglichen Abkömmlinge zu vergegenwärtigen: wie knusprige blonde Kartoffelpuffer, süße Baisers, goldgelbe Kroketten, pummelige Soufflés.

Jeden Nachmittag kam eine Pferdedroschke, sie abzuholen und zur Piazza zu fahren, wo sie die Eisspezialitäten der vier Cafés kosteten, von denen sie uns mit Kennerautorität versicherten, in Wien, Monte Carlo oder Biarritz gebe es keine vergleichbarer Qualität. Einziger Makel ihrer genussvollen Ferientage war ihre Gewissheit, dass sie, nach Berlin heimgekehrt und auf die Waage gestiegen, eine Gewichtszunahme feststellen würden. Diese Sorge klagten sie ausgerechnet unserer Mutter, die seit jeher magersüchtig war, kaum etwas aß und entsprechend wenig wog, aber mitfühlend wie immer die Bedenken des Paares herunterspielte. Häsi und Mausi hielten sich auch nicht lange mit unangenehmen Gedanken auf und trösteten sich mit dem Vorsatz: »Zu Hause bringen wir uns in Form.«

Dann brach der Krieg aus, und wir sahen sie nicht wie-

der. Bestimmt wird die Zeit der Rationierung, der Bomben-
regen und Angst dafür gesorgt haben, sie »in Form zu bringen«, und wer weiß, ob sie ihn überstanden haben. Viele
von den Eigenschaften, die das liebenswerte Paar verkörperte, haben ihn jedenfalls nicht unbeschadet überstanden: die guten Manieren, die zärtliche Achtung zwischen
Eheleuten, die kindliche Genussfreude, *la douceur de la vie.*

Dr. Katz mit Ehefrau und Tochter sind wahrscheinlich die
treuesten Gäste unserer Pension gewesen. Rein zufällig besitze ich einen Schnappschuss von ihnen, vielleicht, weil
unser damals dreijähriger Bruder Hansi mit auf dem Bild
ist und es deshalb aufbewahrt wurde. Heute kommt mir
diese Momentaufnahme für den Lebensstil Mitte der Dreißigerjahre ungemein typisch vor: Das Terzett sitzt beim
Frühstück auf einer der Terrassen, Herr Doktor mit wohl-
gestutztem Spitz- und Schnurrbart trägt ein weißes Lei-
nenhütchen als Sonnenschutz und ist ganz von einem ge-
streiften Bademantel bedeckt. Auch die beiden Damen sind
trotz der Sommerhitze vollkommen bekleidet, wobei sich
die jüngere mit einem Rüschenkragen einen neckischen
Touch erlaubt.

Jedes Jahr kamen sie auf den Tag genau am selben Da-
tum an, zogen natürlich in »ihre« Zimmer, Nr. 1 und Nr. 3,
ein, blieben exakt vier Wochen und fuhren, wie gewohnt,
auf die Minute pünktlich wieder nach Hause. Sie gehörten zu einer während der beiden Weltkriege und vor dem

Massentourismus noch zahlreichen Kategorie von Italienreisenden: Intellektuelle, Akademiker, solide Bourgeois, die sich zwar gern einen ausgedehnten Ferienaufenthalt gönnten, aber nicht dem Kitzel verfielen, Unbekanntes zu erkunden und dadurch womöglich Unangenehmes, wenn nicht sogar Gefährliches zu riskieren. Selbst wenn sie ins Ausland fuhren, brachten sie mit ihrer qualitätsvollen, klassisch korrekten Garderobe und einem Vorrat an »guten« Büchern auch ihre Gewohnheiten mit und wünschten in den Ferien nicht anders als zu Hause, komfortabel in gepflegter Umgebung, zu leben.

Der Capri-Aufenthalt von Dr. Katz und Familie verlief unweigerlich wie vorgesehen, eine Reihe angenehm dahinplätschernder, erholsamer Tage, in denen sich alles mit geruhsamer Beschaulichkeit wiederholte: die gedämpften Gespräche im Dreiklang ihrer unterschiedlichen Stimmen, die kurzen, erfrischenden Meerbäder; nachmittags, im Schatten sitzend, immer ein Buch, aus dem man sich gegenseitig vorlas; bei untergehender Sonne und leichter Meeresbrise gemächliche Spaziergänge. »Sie sind die idealen Pensionsgäste«, befand unsere Tante, die ihre Höflichkeit und Verlässlichkeit ungemein schätzte.

In allem traditionell und folglich nicht bereit, auf seine Gepflogenheiten zu verzichten, war besonders der Familienvater, und wenn er auch Teresinas Kochkunst lobend anerkannte, bestand er doch darauf, die Mahlzeit mit einem deutschen Gericht abzurunden, und man vernahm seine Stimme durch den Speisesaal: »P f a n n k u c h e n !«, und Peppino, der junge sorrentinische Kellner, rannte zur

Küche und gab den Wunsch weiter, der dort unweigerlich Gewieher hervorrief: »Il fan cul del Dottor Cazz!« So hörte sich die Bestellung dem Wortlaut nach für ihn an, und sie bedeutete für italienische Ohren: »In den Arsch von Doktor Schwanz.«

Rechtzeitig ins Ausland emigriert, entkam die Familie Katz dem Schicksal von Professor Liebermann. Gewiss, sie retteten ihr Leben, aber wer sie gekannt hat, ahnt, was es für diese Menschen, die sich so ganz mit dem deutschen Wesen identifizierten, bedeutet haben muss, ihre vermeintliche Heimat zu verlassen, um entwurzelt in die Fremde zu gehen, ins Exil.

Damit auch ein *maledetto forestiero,* wenn er auf Capri starb, eine würdige Ruhestätte finden würde, hat Dr. Ignazio Cerio mit einigen deutschen und englischen Ansässigen den kleinen Fremdenfriedhof errichten lassen. Etwas verborgen, auf dem Fahrweg zur Marina Grande gelegen, wirkt er mit seinen verwitterten Grabplatten und verblassten Inschriften, den von Moos, Farnkräutern und Efeu bewachsenen Gängen leicht verwildert und wie der Natur anvertraut.

Hier liegen sie, die beiden »Türmchen«, der dekadente Ästhet Jacques Fersen, der Ökologe von Uexküll und seine Frau Gudrun, der englische Schriftsteller Norman Douglas und die vielen anderen Wahl-Capresen, die auf der Insel ihr Leben beschlossen. Doch der Friedhof bietet nicht nur ihnen einen letzten Ruheplatz, sondern er ist auch die ideelle Heimstätte aller wo auch immer verstorbenen Capri-Süchtigen.

Edwin und ich besuchten jeden zweiten November, zu Allerseelen, den kleinen Friedhof und brachten jedem seiner stillen Bewohner – viele davon einmal unsere Freunde – eine Blume. Für uns lebten sie ja weiter, und das meint wohl auch die Inschrift auf dem Marmorsockel eines der Gräber – dem von Lord Algernon Gordon Lennox –, die besagt: »There are no dead.«

Im Winter

Den Winter nennt man auf Capri *stagione morta,* was jedoch nicht nur »die tote Jahreszeit«, sondern auch »die tote Saison« bedeutet. Eigentlich müsste es besser zwei verschiedene Ausdrücke geben, denn eine Saison verbindet man mit Flüchtigem und Hektischem, Betriebsamkeit und Lärm, und wenn ein solcher Zeitabschnitt wenigstens vorübergehend für »tot« erklärt wird, ist das nicht nur zutreffend, sondern geradezu begrüßenswert. Der Begriff der Jahreszeit hat jedoch Ewigkeitswert, und folglich bewahrt der Winter sehr wohl eine Lebendigkeit, der die Vokabel *morta* unrecht tut.

In der nunmehr viele Bücherschränke füllenden Literatur über Capri ist es fast immer Sommer, und wenn nicht, dann doch zumindest Frühling oder Herbst; der Winter kommt, meines Wissens, literarisch zu kurz. Die südwehkranken, sonnenhungrigen Reisenden sehnten sich nach Licht und Wärme, und am Ziel ihrer Wünsche angelangt, zelebrierten sie die Insel in poetischer Ekstase mit unvermeidlich strahlend blauem Himmel, lauen Nächten, sonnenglühendem Gestein. In ihren Darstellungen Capris hoben sich hier die Grenzen von Zeit und Raum auf, und die mediterrane Natur war eine unablässig Gebärende, wie in Max Reuschles *Capresischen Elegien:*

> »Und im blauen Meer der Tage
> Weitet sich und schwillt das Leben
> Ewig zwischen Frucht und Blüte.«

Dass die lyrische Verarbeitung des Winters anscheinend fehlt, ist umso erstaunlicher, als sich ja bis zum Ersten Weltkrieg die Fremdensaison in ebendieser Jahreszeit abspielte und gerade die damaligen Reisenden beruflich oder dilettantisch dichteten und dafür bei ihren ausgedehnten Aufenthalten auch Zeit genug hatten. Selbst Rilke, der während seines missvergnügten Winters 1906/07 ungefähr siebzig Gedichte niederschrieb, übergeht in diesen die jahreszeitlichen Umstände seines Besuchs. Ein anderer Deutscher jedoch, der zwar nichts von Dichtung hielt, aber sonst ein Vielschreiber war, verbrachte die gleiche Zeitspanne auf der Insel, und von ihm bleibt ein kurioser und hautnaher Erlebnisbericht seines capresischen Winters.

Der Astronom und Naturforscher Dr. Max Wilhelm Meyer war Mitbegründer der berühmten Berliner »Urania«, einer der ersten Volksbildungsanstalten, und ein »Popularisator«, der seinen Lesern wissenschaftliche Erkenntnisse gemeinverständlich und mundgerecht servierte. In einem Buch, das den umfassenden Titel *Vom Himmel und von der Erde. Ein Weltgemälde in Einzeldarstellungen* trägt, erzählt er von seinen Reisen in alle Welt und von seinen vielfältigen Forschungsgegenständen, und nachdem er im ersten Teil des Werkes Brontosaurier, Sonnenfinsternis, die Nebel der Andromeda, Eiszeiten, Zeiss-Gläser, Ätherwellen, Unsichtbares, die Unpünktlichkeit als solche und noch vieles mehr behandelt hat, widmet er sich in einem Kapitel mit der Überschrift »Wo ist es am schönsten?« schließlich auch Capri.

Die Eingangsfrage des Kapitels beantwortet er sofort selbst: »Ich bin viel in der Welt umhergewandert, um zu sehen, wo sie wohl am schönsten ist. Der wunderbare Felsengarten von Capri vereint alle Elemente in sich für die Stimmungen unserer wandelbaren Menschenseele. Hier ist es am schönsten, hier will ich bleiben.«

Diese Feststellung verkündete er nach Deutschland, wo sie in allen Zeitschriften erschien, deren Mitarbeiter er war, und überzeugt davon, am schönsten Fleck der Erde zu sein, mietete er sich hier ein Haus für den ganzen Winter.

Mit dem Fallen der Temperatur jedoch kühlte sich auch seine Begeisterung für die Insel unaufhaltsam ab. Die große, sturmgepeitschte Villa mit Feuchtigkeitsflecken an den Wänden, eisig kalten Fliesenböden, dem keine Wärme und dafür viel Rauch verbreitenden Kamin, undichten Fenstern und Türen bewies ihm bald, wie unfreundlich es im Winter auch auf Capri sein kann. In einem späteren Kapitel – »Gefangen im Paradies« – kann man den Wandel des Autors verfolgen, der am Schluss ernüchtert einsehen musste: »Scherz beiseite! Capri ist kein Winteraufenthalt.« Eine verspätete Erkenntnis, mit der er sich vorläufig abzufinden hatte. Doch die Ungemütlichkeit der Villa und das widrige Klima lähmten nicht seinen Forschungsdrang, und er schrieb Artikel über die Strandlinien der Inselküste, stellte

Vermutungen über Erdfaltung und die Entstehung Capris an, berichtete ausführlich über die Grotten und ließ seine Leserschaft nicht einmal über sein körperliches Befinden im Ungewissen: »Ich selbst konnte das letzte Mal, als ich die Reise über den Golf machte, acht Tage lang nicht recht wieder mit meinem Magen in Ordnung kommen.« – Auch er hatte also Erfahrungen in Sachen *mare di sotto* gesammelt.

Schließlich wollte Dr. Meyer abreisen, aber das ging nicht so leicht, denn Capri ist nun einmal eine Insel, und im Winter 1906 folgte ein Sturm dem anderen. Der Gedanke an den auf den Wellen tanzenden Dampfer und eine neue Seekrankheit hielten den Weitgereisten zurück, und in seiner Niederschrift bemerkte er in weiser Vorsicht: »Man soll sich nie mutwillig in Lebensgefahr stürzen, und deshalb bleibe ich doch lieber hier und sterbe vor Sehnsucht.«

Doch leider kam bei jenem fatalen Inselaufenthalt noch mehr Unangenehmes auf den Forscher zu. Die zahlreichen Artikel, in denen er aus der anfänglichen Begeisterung heraus seinen Lesern Capri als schönsten Fleck der Erde gepriesen hatte, brachten viele dazu, sich sofort auf seine Spuren zu begeben und ihm auf die Insel zu folgen. Die schon bald nach ihrer Ankunft schwer Enttäuschten unterließen es nicht, den frierenden, magenleidenden Autor in seiner windigen Villa aufzusuchen, um ihn mit Vorwürfen zu überhäufen, weil Wetter, Unterkunft und Preise seinen Angaben nicht entsprachen. Und spätestens zu diesem Zeitpunkt war der arme Verfasser der *Weltgemälde in Einzeldarstellungen* wirklich zu bemitleiden, denn er sah sich gezwungen, jeden Tag zur Ankunftszeit des Dampfers sein Haus zu verlassen, um den Anschuldigungen seiner Landsleute zu entgehen. Geknickt gestand er in seiner Niederschrift: »Mich plagen Gewissensbisse, denn ich habe eine schwere Sünde begangen gegen meine Leser: die Vorspieglung falscher Tatsachen. Auf jedem Dampfer, der von Neapel herüberschunkelte, wurde von meinen betreffenden Artikeln gesprochen, und sie kamen herbei in Scharen, die Unglücklichen, um mich auf meine Wahrheitsliebe zu prüfen ...«

¿?

So war der Winter 1906, den vor über hundert Jahren Rilke, Dr. Meyer und übrigens auch Maxim Gorki auf Capri verlebten. Und wie ist es heute?

Die ersten starken Stürme zu Sommerende, die in Süditalien sehr bildhaft als *la rottura dei tempi,* das »Zerbrechen des Wetters«, bezeichnet werden, weil sie die Auflösung der langen Schönwetterfront signalisieren, sind auch Anzeichen dafür, dass die Fremdensaison nun allmählich abklingt. Wenn dann fast alle Hotels und Pensionen geschlossen sind, die Geschäfte der internationalen Luxusmarken eisern vergittert die Via Camerelle säumen und von den Restaurants höchstens einige wenige mit halbherziger Menschenfreundlichkeit bereit sind, einen Hungrigen nicht von der Tür zu weisen, dann weiß man: Auf Capri ist *stagione morta.*

Nach so viel Überfülle, Gedränge und aufgeladener Umtriebigkeit auf einmal stumme Erschöpfung, Lautlosigkeit und Leere. Für dieses Jahr hat man es wieder geschafft, an das nächste will man nicht denken, nicht jetzt, vorläufig basta. Die Capresen ziehen sich in ihre Häuser zurück, vor allem die älteren, die sich einzig nach Ruhe sehnen, während ihre Kinder möglichst weit weg wollen und in ein exotisches Ausland fliegen – die beliebtesten Reiseziele die Malediven, das Rote Meer, Acapulco –, um dort die heimliche Genugtuung zu genießen, auch selbst mal Tourist zu sein.

Im Winter ist die ganze überreizte Aufgedrehtheit der Fremdensaison vorbei, und wie bei einer abgelaufenen Spieluhr herrscht plötzlich Stille. Wenn man jetzt durch die mittelalterlichen, engen Gassen geht, nimmt man sie in der ungewohnten Leere endlich wieder wahr, wird sich ihrer Zeitlosigkeit bewusst und fühlt sich weit zurückversetzt. Im Geiste gesellt man sich zu den historischen Besuchern Capris, schreitet neben Gregorovius und Platen einher und schließt sich, wenn man so will, einem der anderen berühmten Liebhaber der Insel an, wie dem Dichter Wilhelm Waiblinger oder dem Komponisten Mendelssohn Bartholdy, und mit ihnen geht man über genau dasselbe holprige Pflaster und sieht an den krummen Häuserfassaden empor zu dem unglaublich blauen Himmelsstreifen. Es kann nun auch geschehen, dass man in dem verlassenen, dämmerdunklen Gang Via Madre Serafina, der sich, unter den alten Palazzi hindurch, von der Domkirche zum Kloster Santa Teresa bohrt, jener quasi Heiligen von Capri begegnet, deren verärgertes Phantom winterlich in der nach ihr benannten Passage spukt.

Angenehm spärlich belebt sogar die Piazza, die man jetzt gut überblicken kann, doch sie bleibt selbst in der *stagione morta* Mittel- und Treffpunkt der Insel. Deshalb ringt sich auch keiner der Besitzer der vier Cafés dazu durch, sein Lokal vorübergehend zu schließen – jeden Morgen stellen sie ein paar Tische hinaus auf das Pflaster und machen das mehr aus Gewohnheit als in Erwartung, dass jemand daran Platz nimmt. Noch bis vor einigen Jahren konnten sie gerade im Winter mit einer typischen Kundschaft rechnen, die sich bei gutem Wetter jeden Vormittag in ihren Korbsesseln niederließ, aber die ist inzwischen, ohne Nachfolger, wortwörtlich ausgestorben.

Im Gegensatz zu den Einheimischen, die nach italienischer Gewohnheit an der Theke stehend rasch einen Espresso kippen, waren diese anderen Gäste der Cafés darauf aus, lange an den Tischchen in der Sonne sitzen zu bleiben und ihre Bestellung eines Cappuccinos oder eines Tees möglichst über den ganzen Morgen hin zu strecken. Es waren die seit Ewigkeiten ansässig gewordenen, aus aller Welt zugereisten Bewohner Capris, die meisten bejahrt, wenn nicht steinalt, die sich während der Touristensaison, vom Gedränge und Lärm abgeschreckt, nicht aus ihren Villen wagten. Nur im Winter, an mild sonnigen Tagen, bewältigten sie die vielen Treppen und steilen Wege, um sich wieder auf der Piazzabühne sehen zu lassen. Vereinzelt, denn die meisten lebten nun allein, tauchten sie unter den Bogengängen oder von der Via Roma aus auf, oder sie tappten die breiten Stufen der Kirchentreppe hinunter.

Eine gemischte Gesellschaft, diese Winterkunden der

vier Cafés – Künstler, Literaten, ergraute Playboys, vergessene Schauspieler, verwelkte Schönheiten, Filmdiven, überholte Regisseure, Diplomaten, Originale, Reformatoren –, ein paar hatten sich einen Namen in der Welt gemacht, alle, über viele Jahre, in der Chronik der Insel. Dann, fast unbemerkt, sind sie nach und nach verschwunden, und die Korbsessel, in denen sie wie müde Eidechsen an der blassen Sonne gesessen hatten, bleiben heute leer.

Einige der letzten Exemplare dieser faszinierenden Menschen habe ich noch gekannt, wie Madame S., skandalöse Kurtisane in namhaften Betten der Vierzigerjahre. Ihr Erscheinen auf der Piazza, auch in hohem Alter, glich einem Auftritt, erbötig eilte ihr der Kellner entgegen, rückte den Stuhl zurecht, und der eine oder andere verflossene Liebhaber war immer zur Stelle, um sich in die Rolle ihres Cicisbeo zurückzuversetzen und sie galant zu hofieren, trotz der verblühten Reize. Stark geschminkt nach der Mode ihrer Jugendzeit, sah sie inzwischen schlecht und malte daneben: Mascara, Rouge, Eyeliner, Lippenstift, alles über die Ränder, wie ein verrutschter Vierfarbendruck.

Ein interessantes Relikt war auch der hoch geschätzte englische Musikologe, der in der *Villa Solitaria* wohnte und im Winter, ungeachtet der starken Gicht, den weiten Weg vom Pizzolungo nicht scheute, um sich auf der Piazza ins Café zu setzen, wo ihm der Kellner unaufgefordert eine volle Whiskyflasche auf den Tisch stellte – seine Frühstücksration, erzählte man sich. Gewöhnlich etwas später als die anderen, so gegen Mittag, betrat der Prinz Caracciolo – einer der zahllosen Caracciolo des italienischen Gotha –

die kleine Inselbühne; er war echter Neapolitaner, aber so anglophil, dass er erst die *Times* vom Zeitungsladen an der Ecke holte, bevor er sich in sein Stammcafé der Piazza setzte, und von ihm hieß es, er ließe seine Hemden nur in London waschen und bügeln. Fester Bestandteil der alten Garde auf der Winterpiazza war über lange Zeit auch ein Nachfahre Napoleons, ein geistreicher Zyniker, doch wohl nicht abgebrüht genug, denn sein Herzbube, einer der schönsten Epheben der Nachkriegszeit, nahm ihn so gründlich aus, dass er über Nacht von Capri verschwinden musste und einen Berg Schulden zurückließ.

Diese Figuren und ihre Zeitgenossen und Gefährten sind für die älteren Capresen höchstens eine Erinnerung, für die junge Generation selbst das nicht mehr, und es gibt von ihnen nicht einmal Epigonen. Ihre schönen und für jeden der Besitzer ungemein charakteristischen Häuser wurden von den Erben verkauft, und die neuen Eigentümer haben sie fast alle zu Hotels und Apartments umgebaut. Nur ein paar der alten Villen sind noch privat und gehören bekannten Namen, wie zum Beispiel dem Modeschöpfer Valentino, Managern und Industriellen. Aber für Menschen dieses Schlages ist die Capri-Villa nur ein Aushängeschild ihrer Unternehmen, Zeit, sie zu bewohnen, haben sie nicht, und schon gar nicht, im Winter vor den Cafés der Piazza zu sitzen.

Heute lässt sich manchmal ein Einheimischer an einem der Tischchen draußen nieder, um eine Zigarette zu rauchen, weil man es drinnen nicht darf, und gelegentlich bricht ein Schwarm Tagesausflügler einer organisierten Gruppenreise in die Piazza ein, besetzt lärmend und kurz die Sitze und flattert fort – gesichtslose, anonyme Eintagsfliegen.

༄

Capri im Winter. Trotz des sonstigen Fortschritts im Komfort der Wohnkultur hat sich seit den Tagen, als Dr. Meyer den gänsehautnahen Bericht seines capresischen Aufenthalts verfasste, die Gemütlichkeit in den hiesigen Häusern während der kalten Jahreszeit nicht wesentlich geändert. Die mehrsternigen Hotels verfügen natürlich über alle hochmodernen Einrichtungen, aber sie sind geschlossen, wenn die ersten Herbststürme einsetzen, weil sich die Unterhaltungskosten bei dem geringen Fremdenverkehr nicht bezahlt machen. So bleiben nur ein paar bescheidenere Hotels geöffnet, und die beschränken sich häufig darauf, ihre in der *stagione morta* raren Kunden mit einem eher symbolischen Heizapparat über die niedrige Temperatur zu vertrösten. Sie stellen ihnen ein altertümliches elektrisches Gerät ins Zimmer, auf dessen Fliesenboden es selbst zu bibbern scheint.

Wem das eine Zumutung ist, der sollte lieber wegbleiben, und ich bin überhaupt dafür, dass sich die Insel in dieser Jahreszeit regeneriert und in Stille und Leere wieder zu sich kommt. Wenn das Grelle, Plakative, Krude, mit dem sie zur Fremdensaison aufgeputzt ist, von den Stürmen abgeblättert wird und verbleicht, dann entblößen sich, wie in ausgeräumten Häusern, die schadhaften Stellen.

Splitterig, rissig, zerbröckelt, mürbe, wacklig und aufgerieben, von sengender Hitze, Schwüle, Meeresluft und salziger Feuchtigkeit angefressen, wirken Hotels, Restaurants, Badeanstalten marode und reparaturbedürftig. Die Besitzer wissen es und zögern die Instandsetzung möglichst lange hinaus, damit ihnen das raue Inselklima nicht dazwischenkommt und weil erst zu Saisonbeginn alles tipptopp aussehen muss – dann aber haben sie regelmäßig um die wenigen Arbeitskräfte zu kämpfen, die in letzter Minute noch auf dem Markt sind.

¿?

In keiner anderen Jahreszeit ist für mich die Schönheit Capris so zu Herzen gehend und beeindruckend wie im Winter, und sie ist es an den überwiegend vielen milden, sonnigen Tagen und nicht weniger bei Unwetter.

Während es über gutes Wetter nur das Übliche zu sagen gäbe, ist das sogenannte schlechte oft dramatisch. Die starken Regengüsse haben in diesem Jahr die offenbar verstopften Gullys der Via Camerelle in die Luft gesprengt und die Boutiquen von Cartier, Vuitton und allen anderen Modelabels unter Wasser gesetzt. – Sollten sie für eine Weile geschlossen bleiben, so würde ich es nicht bedauern. Ich frage mich sowieso, warum man die kleinen, typischen Läden, in denen die Capresen ihre in Handarbeit hergestellten Schuhe und Kleider anboten, durch diese protzigen Luxusmarken ersetzt hat, die es doch schon überall auf der Welt gibt.

Wie in jedem Winter hat die Sturmflut auch in diesem Jahr vielfach Kabinen, Gerüste und Kioske von den Stränden gezerrt und aufs Meer hinausgespült. Ein anderes Ereignis bildete in seiner hochdramatischen Wucht glücklicherweise eine Ausnahme, und in der deutschen Inselzeitschrift *Die Möwe von Capri* stand es knapp zusammengefasst: »Mit großer Bestürzung hat die Redaktion erfahren, dass das Krupp-Haus an der Grotta Fra' Felice von einem darüberhängenden Felsbrocken, der sich infolge des lang anhaltenden Regens und der Kälte gelöst hatte, in die Tiefe gerissen wurde.«

Regen, Sturmfluten, berstendes Gestein – im Winter fordert auf Capri die Natur ihr Recht ein und weist den Menschen in seine Schranken. Gut so.

Von Göttlichem und Irdischem

❦

Bekanntlich zog sich der römische Kaiser Tiberius für die letzten elf Jahre bis zu seinem Tod 37 n. Chr. nach Capri zurück. Er wählte diesen Wohnsitz aus Widerwillen gegen das korrupte Hofleben und die politischen Intrigen in der Hauptstadt und weil ihm die schroffen Steilwände der Felseninsel Schutz vor den Attentaten seiner Feinde boten, mit denen er jederzeit rechnen musste.

In diesem Zeitraum wurden also die Staatsgeschäfte der Weltmacht von Capri aus abgewickelt, und während derselben Jahre spielte sich in Judäa, einer Provinz des Reiches, die dem römischen Präfekten Pontius Pilatus unterstand, das Drama des sanften Aufrührers aus Nazareth ab: Pilatus wusch sich die Hände, und die Juden kreuzigten Jesus Christus.

Tiberius wird von dem für Rom belanglosen Vorfall an der Peripherie seines Imperiums keine Nachricht erhalten haben, wie er auch nicht die Folgen dieser Hinrichtung voraussehen konnte, die sich dann ausgerechnet von seiner Hauptstadt aus über die Welt verbreiten sollten, aber wie seine Äußerungen belegen, scheint er den Zeitgeist gespürt zu haben, der die Götter des griechischen Olymps längst für passé hielt und einen religiösen Umbruch forderte. Er selbst war der Exponent einer überreifen Zivilisation, ein Zweifler und Suchender, und sein ständiger Begleiter, der Astrologe Thrasyllus, wie auch seine theologischen Studien während des langen Aufenthalts auf Rhodos hatten ihm die orientalischen Kulte nahegebracht.

Edwin Cerio schreibt in *Capri, ein kleines Welttheater im Mittelmeer:* »Man muss sich daran erinnern, dass die Legionäre des Tiberius einen neuen Kult auf Capri eingeführt hatten, eine orgiastische Wiederbelebung persischer und vorderasiatischer Riten – die Stieropfer zu Ehren Mithras', des Sonnengottes, verbunden mit den schon immer groß aufgemachten Gottesdiensten zu Ehren der Kybele, der Mater Magna, deren Name in dem der Grotte von Matromania erhalten geblieben ist.«

Die Verehrung neuer Gottheiten auf der Insel ließ die Tempel der bisherigen verfallen. Für den Sonnengott aus dem Orient könnte es eine Kultstätte an der Marina Grande gegeben haben, ein Mithraeum, auf dessen Überbleibseln die Christen dann um 900 eine Kirche – die älteste der Insel – errichtet haben, ihrem Glauben und dem heiligen Constantius zu Ehren. Sie folgten damit dem bewährten Rezept, mit dem neuen Gott den alten auszutreiben.

☙

In meiner frühen Kindheit, als wir vier Geschwister noch in Westerland lebten, waren wir dort die einzigen Katholiken, aber jeden Sonntag kam eigens für uns ein Geistlicher aus Flensburg auf die Insel, um den Gottesdienst – die Messe – zu zelebrieren. Die winzige Kirche in der Neuen Straße sah aus wie ein Lebkuchenhaus und war ungeheizt. »Wir sind eine Diaspora«, schärfte uns die Mutter ein, also eine konfessionelle Minderheit, und was unsere Teilnahme an den sonntäglichen Gottesdiensten betraf, machte sie, die sonst so Weichherzige, keine Konzessionen. Schon eine halbe Stunde vor Beginn mussten wir da sein, um ja nicht zu spät zu kommen; abwechselnd kniend und sitzend, wie es dem Zeremoniell entsprach, wohnten wir der Messe bei, bis die Abschiedsformel des Priesters, »Ite, missa est«, uns endlich erlöste. Im Winter war das Weihwasser im Becken gefroren, Atemwölkchen stiegen aus unseren Mündern, und da wir alle vier entsetzlich falsch sangen, milderten auch die geistlichen Lieder nicht die reizlose Atmosphäre des eisigen und kahlen Kirchleins. Unsere Mutter allerdings, die in Westerland sonst immer fröstelte, schien sich während der Messe, von frommer Inbrunst erwärmt, pudelwohl zu fühlen. Ich aber bekomme, wenn ich das Wort Diaspora höre, noch heute kalte Füße.

Auf Capri hatten wir dann keine Probleme mit der Ausübung der für einen Katholiken vorgeschriebenen Rituale, Gott und die Seinen kamen uns hier ganz anders vor als in der Kirche von Westerland, nicht unnahbar und beziehungslos zu den Erdbewohnern, sondern freundlich und voller Leben. Besonders hilfreich waren die Heiligen, deren übernatürliche Fähigkeiten praktischerweise auf jede Art von menschlichen Bedürfnissen zugeschnitten waren, sodass man in allen misslichen Lebenslagen mit ihrem kompetenten Beistand rechnen konnte. Da waren Santa Rita, mit deren Zutun man verlorene Sachen wiederfand, oder San Nicola, der Schülern durch die Prüfung half.

Die Kirchenfeiern erstreckten sich über das ganze Jahr, eine wahre Freude für alle Sinne, der Kalender war eine Folge von ungeduldig erwarteten Festen, Prozessionen und Schauspielen. Sogar die Fastenzeit hatte eigene Vorzüge, weil es leckere Spezialitäten gab, um die Gläubigen über den temporären Verzicht auf Fleisch hinwegzutrösten, das wir Geschwister auch zuvor nicht vermisst hatten, da wir Vegetarier waren.

Bestimmt war die Religiosität, wie wir sie auf Capri erlebten, sehr weltlich und genussfreudig, ein sich wiederholendes und doch immer neu inszeniertes Theater, ein *Mixtum compositum* aus empfundener Gläubigkeit und viel Wunder-, Irr- und Aberglauben. Die Unverkrampftheit der südländischen Lebenskünstler beruht auch auf ihrer Beziehung zu Gott – im Vergleich zu den Katholiken zeigen die praktizierenden Puritaner und Calvinisten des Nordens in ihrer ernsten, tiefschürfenden Frommheit wahrscheinlich mehr Gehalt, aber auch eine beklemmende Tristesse.

Für uns Kinder hatte die Mischung aus Übersinnlichem und konkreter Fassbarkeit eine unwiderstehliche Aura, und angeregt von den Lebensumständen einiger Bekannter unserer Familie fantasierten wir uns Geschichten zusammen. Eine gute Gelegenheit dafür ergab sich, wenn die Mutter mit uns im *Palazzo Ferraro* den Conte Rodriguez und seine Angehörigen aufsuchte. Der Stammbaum des Grafen war keineswegs astrein, oder, genauer, es gab ihn nicht, doch in Süditalien akzeptiert die Umwelt gutmütig selbst verliehene Titel. Diese Besuche erweckten in uns vieren ein besonderes Interesse, in dem sich ein leichter Schauer mit Neugier und Erwartung mischte, und wir brannten darauf, mitgenommen zu werden.

Die Jalousien im *Palazzo Ferraro* blieben immer geschlossen, weil das Sonnenlicht die Damastbezüge der Polsterungen ausgeblichen hätte. So gab es in den mit Möbeln, Portieren, Vorhängen, Wandteppichen und Nippes dicht besetzten Sälen nur die gelbliche Beleuchtung schwacher Glühbirnen. Auf den Diwanen und Sesseln thronten in Seidenkleidern aufgetakelte Puppen, mit denen man nicht spielen durfte, denn sie waren zur Zierde da – »per bellezza« –, wurde uns gesagt.

Der Conte, bejahrt und von schwammiger Beleibtheit, auch bei warmem Wetter mit einem altmodischen Anzug aus schwarzem Wollstoff bekleidet, saß immer in einem großen Sessel, den er ganz ausfüllte. Er winkte uns heran und zog jeden mehrmals zu einem Kuss an sich, wobei er uns mit den Knien festklemmte; sein Sohn und seine Tochter, beide ledig und leicht ergraut, wurden noch immer Bebé und Bamboletta – Baby und Püppchen – gerufen. Der Conte, seine Kinder und das Dienstmädchen schliefen alle zusammen in einem einzigen Zimmer, weil sie sich vor dem *spettro* ängstigten, dem Gespenst der verstorbenen Gräfin, das angeblich nachts herumspukte und keine Ruhe fand. Ein wichtiges Familienmitglied war außerdem der Monsignore Don Alessandro Ferraro, Prälat der katholischen Kirche, Schwager des Conte und wie dieser kahlköpfig, korpulent und schwarz gewandet, er allerdings im Talar.

Zum *Palazzo Ferraro* gehörte auch eine Privatkapelle, in der Don Alessandro jeden Morgen die Messe für seine Angehörigen und die Dienstboten zelebrierte, und hier wurde eine Besonderheit verwahrt, die unsere Fantasie intensiv beschäftigte. Unter der Altarplatte befand sich ein Fach mit einer staubigen Glasscheibe, und darin lag ausgestreckt, im Nonnenhabit, zwischen künstlichen, zu schmutzigem Grau verfärbten Blumen, die wächsernen Hände über der Brust gefaltet, eine Frauengestalt in etwas eingeschrumpfter, aber doch natürlicher Größe. Das war die »Heilige«, eine vor zwei Jahrhunderten verstorbene Ahnin der Sippe. Sie sah mit ihren gelben, spitzen Zügen »richtig tot« aus, fanden wir, wussten aber nicht mit Gewissheit, ob sie »echt oder nur nachgemacht« war. Wie auch immer, abends im Bett gruselte uns, wenn wir an die Heilige dachten.

Es hieß, dass sich die Ahnen der Familie ihre beträchtlichen Liegenschaften auf der Insel, ursprünglich Kirchenbesitz aus dem Nachlass kinderloser frommer Leute, durch Veruntreuung angeeignet hätten und dass deshalb ein Fluch auf den Nachkommen lasten würde. Die göttliche Verdammung fand in den Augen der Capresen Bestätigung, als während des Krieges als Maßnahme des Luftschutzes die nächtliche Stromzufuhr abgestellt wurde und der bei Kerzenlicht lesende Monsignore Don Alessandro in seinem Bett Feuer fing und verbrannte.

Zwischen Religion und Magie gab es zur Zeit meiner Kindheit auf Capri und wahrscheinlich in ganz Italien keine erkennbare Grenze. So waren die Geistlichen vom Vatikan befugt, die »weiße« Magie auszuüben, die so genannt wurde, um sich von der schwarzen, dem Teufelswerk, zu unterscheiden. Ein Kanonikus der capresischen Priesterschaft mit dem Beinamen Sciabolone, »großer Säbel«, seiner langen, etwas gekrümmten Gestalt wegen, war in dieser Kunst besonders bewandert. Mit Zauberformeln beruhigte er Hysteriker, Halluzinanten und Tobsüchtige, aber vor allem benötigten ihn die Fischer, die ihn bei Sturmgefahr aufs Meer hinausruderten, wo er mit scherenartigen Armbewegungen und Bannsprüchen die Windhosen »zerschnitt«, wie man im Dialekt sagte.

Durch sämtliche sieben Sakramente, von der Taufe bis zur Letzten Ölung, war der ganze Ablauf des Daseins von der Tradition kodifiziert, die auf dem Einverständnis gründete, dass Gott als höchste Instanz über allem waltete. Das strenge Korsett an Vorschriften kommt uns heute geradezu absurd vor, so zum Beispiel, dass eine Braut nur als unbefleckte Jungfrau weiß gewandet zum Altar gehen durfte. – Die Nichtbeachtung des komischen Ukasses hätte Stoff für eine Klamotte geben können, stattdessen führte sie nicht selten zur Tragödie, um *l'onore,* die dem Süditaliener so wichtige Ehre, mit Blut zu waschen.

Von unserer zahlreichen capresischen Verwandtschaft wurden unsere Mutter und wir Kinder zu allen Familien-

festen eingeladen, von denen die Hochzeiten an erster Stelle
kamen. Schon die Verlobung war in kleinerem Kreis feier-
lich begangen worden, und einige Tage vor der Vermählung
stand das elterliche Haus der Braut allen zur Besichtigung
der Aussteuer offen. Auch in bescheidenen Wohnungen
zog sich so eine Exposition durch mehrere Räume: Stapel
von Hand-, Tisch-, Tafel- und Taschentüchern, viele Dutzend Bettlaken, Bezüge, Gardinen, Unterwäsche, Textilien
jeglicher Art, Stück für Stück handgenäht und minutiös
bestickt. Uns Schwestern, Ela und mir, wurde erklärt, dass
ein weibliches Wesen von klein auf anfing, seine Aussteuer vorzubereiten, und die capresischen Mädchen deshalb,
noch bevor sie schreiben lernten, zu den Nonnen des Klos-
ters St. Teresa geschickt wurden, von denen sie bis zur Voll-
jährigkeit und bis zu ihrem ersehnten Eintritt in den Ehe-
stand Handarbeitsunterricht bekamen. Sich so viel Mühe
zu machen, nur um zu heiraten, würde sich doch nicht loh-
nen, fanden Ela und ich und beschlossen, lieber ledig zu
bleiben.

Die Hochzeit bewahrt bis heute ihren Vorrang als Höhepunkt unter den Familienfeiern, selbst wenn sich auf der
Insel keine Braut mehr von Kindesbeinen an ihre Aussteuer zusammenstichelt und die sich Vermählenden am Altar vom Priester zwar hören, dass sie nun den Bund fürs
Leben schließen, sich aber im Stillen auf den beruhigen-
den Hintergedanken der nun auch in Italien eingeführten

Ehescheidung verlassen, da man ja im Leben nie wissen kann.

Auch die religiösen Festlichkeiten zu Ehren der Schutzpatrone von Capri, Anacapri und Marina Grande mit den entsprechenden Prozessionen und Hochämtern gibt es noch und ebenso die weihnachtlichen und österlichen Rituale. Sie sind jedoch inzwischen stark reduziert worden, um dem Fremdenverkehr nicht im Weg zu stehen und weil immer weniger junge Capresen als Nachfolger der Väter den kirchlichen Bruderschaften beitreten, die in ihrer mittelalterlichen Kostümierung ein so charakteristischer Bestandteil der Kulthandlungen waren. Belustigt schauen die Touristen den Umzügen von Geistlichen und Gemeinde mit den Statuen der Heiligen zu, und auch die Capresen sind sich bewusst, dass sie nur noch Folklore interpretieren und Gott sich längst verabschiedet hat.

Kein Wunder, dass die Insel, die von ihren kitschigsten Verehrern als *l'isola dell'amore* gepriesen wird, eine Dame aus Kalifornien veranlasst hat, für ihre Landsleute hier Hochzeiten zu organisieren. Eine solche Feier auf Capri kostet eine Menge Geld, aber dafür wird auch viel geboten: Das Brautpaar und der Anhang logieren in einem mehrsternigen Hotel, die Trauung wird in der Domkirche zelebriert, anschließend zieht die ganze Gesellschaft, vom Beifallklatschen und von den Glückwunschrufen der Spalier stehenden Insulaner gefeiert, über die Piazza und durch die Gassen. Eine Gruppe von Tarantella-Musikern in Volkstracht mit Kastagnetten und Schelmentrommeln begleitet ihren Weg, der dann weiterführt zum Hochzeitsmahl und zu anderem Entertainment, welches sich – je nach Tarifhöhe – über Tage hinziehen kann. Ganz aufgelöst hörte ich einmal eine nicht mehr junge Braut jauchzen: »Wonderful Capri! Just like being in a movie!« Dies sei ihre vierte Hochzeit, sagte sie mir: »I love to marry.«

☙

Vielleicht ist der eine Gott auf Capri inzwischen tot, aber andere Götter bewähren sich als quicklebendig – sie sind seit jeher die Urgewalten der Insel und allgegenwärtig.

Man begegnet ihnen hier in den verschiedenartigsten Inkarnationen, vom Flöte spielenden Knaben Pan über die aus dem Meerschaum steigende und daher Anadyomene benannte Aphrodite zum Wein- und Fruchtbarkeitsgott Dionysos, zu Demeter und Kybele, zu Mithras, Poseidon, Merkur und Mars und all den anderen. Sie sind eine verwirrende Gesellschaft, anwesend und doch nicht greifbar, neckisch und zügellos und launisch, und nicht einmal auf ihre Namen ist Verlass, weil sie sich beliebig unter veränderten Namen und Attributen kaschieren.

Den einsamen Spaziergänger auf den schmalen Pfaden, die an den steinigen Abhängen des Monte Solaro über die Meeresabgründe oder durch das Dickicht der *macchia* führen, packt manchmal ein leichter Schwindel, und wie ein Schauder befällt ihn die unsichtbare Präsenz eines beunruhigenden Numens, das andere vor ihm, weil sie es nicht besser wussten, als *genius loci,* den Geist des Ortes, bezeichnet haben. Wie viele Dichter haben in der Literatur der In-

156

sel Worte gefunden für ihre Erfahrungen mit den Geistern, für den leisen Schrecken und ihr Erzittern im plötzlichen Bewusstsein, in den Bann einer unaussprechlichen Naturerscheinung geraten zu sein?

> »… ein Felsenkelch birgt Schrecken!
> Als folgte Glut der Sonne Jubelruf,
> Beginnen Flammenblätter sich zu recken,
> Zu heißer Blume, die ein Unhold schuf.
> Nach deiner Schönheit lass die Hand mich strecken!«

schrieb Theodor Däubler in seinem Gedicht *An Capri* und weniger dämonisch, doch ebenso betört wie er, dichtete Max Reuschle in den *Capresischen Elegien:*

> »Auch an den felsigen Bergen,
> In Büschen von Wolfsmilch verborgen,
> Gelbleuchtenden an dem Gehänge,
> Schreckt dich im einsamen Wandern
> Ein Faun – ein Satyr,
> Ein Vogel.
> (…)
> Wo du auch gehst, sei gewärtig,
> Dass dir die Geister begegnen,
> Unsterblich verwoben dem Lande.«

Dichter, die einsam wandernd die Insel erkunden, sind sehr selten geworden. Heute gibt es vor allem Touristen, und die meisten scheuen das Alleinsein, sie fühlen sich unwiderstehlich angezogen von anderen Touristen und drängen sich zu ihnen auf die randvolle Piazza, in die engen Gassen und an die überfüllten Strände. Deshalb begegnen sie den Göttern nie und wissen nicht einmal, was ihnen da abgeht – es sei denn, sie werden von Riccardo in sein Capri eingeführt.

᠁

Riccardo ist Caprese, verlegt Bücher, verkauft Bücher, schreibt Bücher und verkehrt nebenbei mit den einheimischen Gottheiten. Er sucht sie in ihren alten Weihestätten auf, in Höhlen und Verstecken, und macht sich einen Spaß daraus, mit diesem oder jenem – Merkur oder Mars, Aphrodite oder der Mater Matuta – ein Stelldichein auf der Hochebene des Solaro, am Meeresufer oder in den Ruinen von Damecuta zu verabreden.

In den letzten Tagen des diesjährigen Augusts nahm sich Riccardo vor, Dionysos zu feiern, der zwar von Geburt Thebaner ist, sich aber am liebsten auf Capri aufhält. Für dieses Zusammensein wählte Riccardo die Grotte von Matromania als den idealen Treffpunkt. Sein Programm sah vor, dass man sich dort noch vor Morgengrauen einfinden sollte, und als Clou der Feier würde man durch die genau nach Osten ausgerichtete Öffnung der Felsengrotte den Sonnenaufgang miterleben, um so auch gleich Mithras die Ehre zu erweisen, dem Lichtgott aus Persien, den bereits Tiberius auf der Insel gewähnt hatte.

Die Italiener investieren viel Mühe, Geduld und haben eine grenzenlose Fantasie, wenn es darum geht, etwas rein Künstlerisches und praktisch Nutzloses zu verwirklichen. Riccardo macht da keine Ausnahme, deshalb traf er mit seiner Frau Ausilia und seinen ihm geistesverwandten Mitarbeitern und Freunden sorgfältige Vorbereitungen.

An den Vortagen der Feier fegten sie die Grotte aus und sägten die zu wild wuchernden Zweige von ein paar Bäumen vor dem Eingang ab, um die Sicht ostwärts freizulegen. Von zu Hause schleppten sie einige Tische an – ein schwieriger Transport, wie sich jeder vorstellen kann, der den abschüssigen, steinigen Pfad kennt. Was die musikalische Begleitung der geplanten Performance betraf, konnten sie mit Salvatore Sciarrino rechnen, einem italienischen Komponisten der Gegenwart von schöpferischer Originalität. Er würde aus den Bach-Suiten für Cello spielen und anschließend seine letzte Komposition geben: *Dai limiti della notte verso il sole,* die so genau zum von Riccardo festgesetzten Thema passte, als sei sie eigens dafür geschrieben worden: »Von den Grenzen der Nacht der Sonne zu«.

Man bedachte jede Einzelheit, auch dass es noch dunkel sein würde, wenn man sich in der Grotte traf, und deshalb wurden auf dem Boden mehrere Öllämpchen verteilt, und im Hintergrund stellte Riccardo als zusätzliche Klangkörper für musikalische Improvisationen Kristallgläser auf. Was Speis' und Trank betraf, war man sich einig: Obwohl Dionysos, dem ja die Feier in erster Linie galt, als Gott des Weines bekannt war, erschien Alkoholisches zu so früher Tageszeit unangebracht, man entschied sich, stattdessen – hinreichend symbolisch – Weintrauben und frisch gebackenes Olivenbrot zu essen und den Durst mit kühler Milch zu stillen. Somit glaubte man der klassischen Kost antiker Gottheiten treu zu sein.

Um vier Uhr des besagten Tages waren alle Beteiligten aus den Betten, besorgten in der Bäckerei das noch ofenwarme Olivenbrot und machten sich mit Milchtüten und Körben voller Weintrauben auf den Weg. Am Ende der Via Matromania angelangt, ging es abwärts, und im Dunkeln tasteten ihre Füße vorsichtig den steinigen Pfad ab, wobei der Maestro Sciarrino besonders um sein Cello besorgt war.

Während Riccardo und seine Gefährten ihrem Ziel näher kamen, wurde ihnen bewusst, dass sie zahlreicher geworden waren und sich ihnen noch immer neue Leute anschlossen, was man in der Finsternis nicht sehen, aber aus dem Getrappel, gedämpften Stimmengewirr und unterdrückten Gelächter schließen konnte. Die Nachtschwärmer auf der Piazza und in den Nightclubs mussten mitbekommen haben, dass in der Grotte von Matromania etwas los war, und wollten das besondere Ereignis nicht verpassen. Wie bei den meisten Touristen beschränkte sich ihre Kenntnis der Insel auf Vergnügungslokale und Badestrände, und dieser Abstieg in ein verwildertes, verborgenes Gelände erschien ihnen wohl als prickelndes Abenteuer. Aber am Eingang zur Grotte verstummten sie und drückten sich unauffällig zu den anderen hinein, wie ungebetene Gäste, die sich in ein fremdes Haus einschleusen.

Die Öllämpchen auf dem erdigen Boden im Innern flackerten und warfen tanzende Schatten über die steinernen Wände zur Decke. Von den Kristallgläsern im Hintergrund erklangen schwingende Tonfolgen, sonderbar unirdisch, als kämen sie wie die Sphärenmusik des Pythagoras aus dem Kosmos, und sie verloren sich in den Harmonien des Cellospiels, das nun ertönte. Das leise Scharren der Füße und das Geflüster waren verstummt, alle Anwesenden schienen den Atem anzuhalten, nur die Akkorde der Bach-Suite schwebten in der Stille, elegisch und solenn, und dann, als die Musik nach dem ersten Satz verstummte, herrschte völlige Lautlosigkeit in Erwartung des nächsten Teils, der jedoch nicht einsetzte. Stattdessen wurden die Lichter auf dem Boden gelöscht, und da erkannte man auf einmal, dass sich jenseits der Felsenöffnung das Grau der Morgendämmerung gelichtet hatte und sich jetzt rasch verfärbte, und wie einem Ruf folgend, drängelten alle hinter Riccardo und Ausilia aus dem Dunkel der Höhle ins Freie. Auf dem Cello schlug der Maestro die ersten Takte seiner Hymne an. Im Osten, zwischen der Spitze der Halbinsel von Sorrent und den winzigen Galli-Inseln, rötete sich der Horizont mit zunehmend stärkerem Kolorit – Scharlach, Karmin, Purpur –, und dann, in wenigen Sekunden, stieg aus dem eben noch silbrig blass schimmernden Wasserspiegel der flammend rote Feuerball auf und entzündete Meer und Himmel.

In sprachlosem Erstaunen, wie von einem unerwarteten Wunder geblendet, starrten alle zu dem aufgehenden Gestirn, als müssten sie den Vorgang mit ihren Augen fixieren und bewahren, bis jemand ausrief: »Il sole!« Die überflüssige Feststellung erzeugte schallendes Gelächter, das einem befreienden Zauberspruch gleich die Ergriffenheit auflöste, den Anwesenden ihre Lebendigkeit zurückerstattete, und auf einmal hatte jeder etwas zu sagen, wollte sich mitteilen. Jetzt, im Morgenlicht, konnte man sich sehen und entdeckte bekannte Gesichter, die man im Dunkeln der Grotte nicht bemerkt hatte, Rufe, Winken, animiertes Durcheinandergerede, und die zufällig aufgekreuzten Zaungäste zeigten sich von der schlaflosen Nacht und der erlebten Emotion besonders aufgedreht. Immer wieder wurden Riccardo und Ausilia umarmt und für die fabelhafte Regie gelobt, mit der sie die antiken Gottheiten zurückbeschworen hatten.

Durch die felsige Öffnung fielen die Strahlen der aufsteigenden Sonne nun auch ins Innere der Grotte, und die ganze Schar staute sich wie eine hungrige Herde vor den Tischen, man prostete sich mit Pappbechern voll Milch zu, brachte drollige Trinksprüche zum Wohl von Dionysos und Mithras aus und machte sich ungehemmt über die mit Olivenbroten und Weintrauben gefüllten Körbe her.

Die Touristen, größtenteils Ausländer, die unvorhergesehen das Publikum dieser Inszenierung vergrößert hatten, übertönten sich in begeisterten Kommentaren: Ja, das sei das wahre Capri – eine magische, unvergessliche Erfahrung, die Grotte von Matromania im Dunkeln mit der mystischen Musikbegleitung zu erleben.

Die Luft hatte sich rasch erwärmt, es würde ein heißer Tag werden. Noch wirkte das Geschehen mit beschwingter Erregung in allen nach, als man sich schließlich verabschiedete und auseinanderging. Die Touristen verkrümelten sich den Pfad hinab zum Badestrand der Faraglioni. Maestro Sciarrino, in inniger Symbiose mit seinem Cello, entfernte sich bedächtigen Schrittes zu seiner Villa. Riccardo, Ausilia und ihre Mitarbeiter packten die leeren Be-

hälter zusammen und machten sich auf den Nachhauseweg.

In der Schlucht und in der Grotte von Matromania kehrte wieder Stille ein, und in ihren Verstecken gähnten die
Götter ermüdet von dem Happening.

Unser Capri

Als alter Mann verfasste August Weber, auf Wunsch von Freunden, eine kurze Autobiografie, die so beginnt: »Ich wurde 1846 in München geboren. Diese Stadt wird in Deutschland beschönigend Isar-Athen genannt, obwohl es da nichts Griechisches gibt, mit Ausnahme einiger Bauwerke in imitiertem griechischem Stil, und noch weniger findet man dort Athenisches.

Anfangs war mein Leben durchaus wie es sich gehört und banal, und wäre es so weitergegangen, hätte mich niemand aufgefordert, diese Erinnerungen zu schreiben. Dass es dann in seinem Verlauf aus den ordnungsmäßigen Geleisen rutschte, geschah ohne mein vorsätzliches Wollen und wurde nur durch die Umstände bedingt, denn von Natur aus bin ich eigentlich ein Spießbürger. Ich schätze ein bequemes Bett, gutes Essen und die Geborgenheit eines Hauses, doch das Schicksal hatte da auf lange Zeit anderes für mich vorgesehen.

In München ging ich auf das Gymnasium, wie man es von einem ordentlichen Jungen erwartet. Häufig schlenderte ich damals durch die eleganteste Straße der Stadt, die Maximilianstraße, in der es viele Buch- und Kunsthandlungen gibt, und in dem Schaufenster eines Papierwarengeschäfts sah ich zahlreiche Fotos von Italien mit Ansichten von Städten und Landschaften. Unter allen Fotos fiel mir eines ganz besonders auf und erregte meine Neugier. Keines der Bilder trug eine Beschriftung, ich wusste also nicht, auf welche Lokalitäten sie sich bezogen, und getraute mich nicht, den Laden zu betreten, um zu fragen, denn ein Gymnasiast hat ja selten Geld in der Tasche. Aber unauslöschlich habe ich dieses eine Foto in Erinnerung bewahrt, während so viel anderes in Vergessenheit geraten ist.«

Mit seinem ganzen Lebenslauf hat August Weber die Behauptung, eigentlich ein Spießbürger zu sein, dementiert. Denn dass er einen langen, krummen Weg eingeschlagen und viele Hürden überwunden hat, statt auf den für ihn vorgesehenen reibungslosen Geleisen eine bürgerliche Existenz zu führen, war das Resultat seiner unkonventionellen und, genau genommen, enorm hartnäckigen Natur und keineswegs ein passives Sichabfinden mit den Umständen, wie er meinte.

Er übte sich früh im Scheitern. Um den Erwartungen seines Vaters zu entsprechen, eines viel dekorierten Staatsrats am Hof des Wittelsbachers Ludwig I., schrieb er sich am Polytechnikum für Ingenieurwissenschaft ein. Was dann folgte, hat er in den *Erinnerungen* zusammengefasst: »Da ich nicht die geringste Veranlagung für Mathematik besaß, fiel ich bei der ersten Prüfung durch. Ich weiß von neapolitanischen Studenten, die sich umgebracht haben wegen eines nicht bestandenen Examens, ich hingegen trat in die

166

Kunstakademie ein, um Maler zu werden – was man vielleicht als einen langsameren Selbstmord ansehen kann.«

Er absolvierte zwar sämtliche Klassen unter damals berühmten Professoren, aber der Erfolg als Künstler blieb aus, und er, inzwischen sechsunddreißig, gesteht: »So war ich also ein Versager, eine Last und Schande für meine Familie, und die Vorwürfe blieben mir nicht erspart. Ich schloss mich in meinem Atelier ein und wurde ein Misanthrop.«

Da kam die Mutter zu seiner Rettung: Sie schickte ihn kurz entschlossen nach Italien, doch auch während der fünfzehn Monate in Rom, wo er ein paar seiner Bilder – Veduten der Stadt – verkaufen konnte, quälte ihn das Schuldgefühl, eine Niete zu sein.

Mit seinem Malkasten und einem Köfferchen zog er weiter nach Neapel, wo er sich so billig wie möglich ernährte und in einer Strohmiete am Stadtrand übernachtete, um mit Rücksicht auf seine Selbstachtung keinen Gebrauch von den Geldsendungen der Familie machen zu müssen. Dass eine solche Lebensweise auf die Dauer unmöglich war, muss ihm bewusst gewesen sein, aber noch immer hatte er keinen Plan für die Zukunft gefasst.

»Eines Nachmittags«, heißt es in seiner Autobiografie, »als ich am Fischerhafen von Santa Lucia vorbeikam, gab mir mein guter Stern oder vielleicht mein Schutzengel den Gedanken ein, ein Ruderboot zu kaufen. Das war ein entscheidender Schritt für mein Leben, ohne Boot hätte ich Capri, das ich dauernd in so berückenden Konturen am Horizont sah und das mir vorbestimmt zu sein schien, nie erreichen können.«

Es gab damals, 1882, für den Passagier- und Postverkehr zwischen Capri und dem Festland zweimal wöchentlich ein mit acht Ruderern bemanntes großes Boot und sogar einen Dampfer der Reederei Lloyd Triestino, und es ist typisch für August Webers Weltfremdheit, dass er auf den Kauf eines Kahns verfiel, statt diese bequemen, sicheren und viel billigeren Transportmittel zu nutzen.

Für vierzig Lire kaufte er den Fischern, die sich über den kuriosen Fremdling lustig machten, ein kleines Boot ab: »Ich warf mein Köfferchen hinein und entfernte mich rudernd so schnell wie möglich von dem Hafen Santa Lucia, wo alle noch wieherten und feixten. Als ich auf hoher See war, fühlte ich mich wie ein König, dem die ganze Welt gehört. Von den leichten Wellen geschaukelt, genoss ich es, allein zu sein, fern der Stadt, wo mich die Lausbuben immer verfolgten.«

Die größte Wasserfläche, die der Münchner bis dahin gesehen hatte, war der Ammersee, an dessen Ufer die Familie eine Villa besaß, und die Unkenntnis der Gefahren, denen er sich als völlig ahnungsloser Nautiker bei diesem Abenteuer auf hoher See aussetzte, erklärt seine anfängliche sorglose Fröhlichkeit. Doch das Meer zeigte ihm schon bald seine unangenehmen Seiten. Es wurde sehr stürmisch und er seekrank, und auch als sich der Wellengang legte, kam er mit seinen schwachen Kräften rudernd nicht gegen die starken Strömungen an. Er musste sich ziellos treiben lassen, während ihm, im Wechsel, plötzliche Regengüsse und die Ende Mai schon stechend heiße Sonne zusetzten. Eine starke Brandung warf ihn nach acht Tagen, hungrig und abgekämpft, nach Marechiaro an die Küste Neapels zurück.

Dort fand er bei einer Fischerfamilie Obdach, behielt aber ständig die Silhouette der Insel seiner Sehnsucht im Auge, und kaum hatte er sich von den Strapazen erholt und das ramponierte Boot repariert, wagte er sich wieder aufs Meer. Dieser Versuch, Capri zu erreichen, ließ sich noch bedrohlicher an als der erste, denn zu dem Sturmgewoge und der zermürbenden Seekrankheit tauchte unvermutet eine neue Gefahr auf: »Ich war erschöpft in meinem kleinen Kahn eingeschlafen, und auf einmal weckte mich ein dröhnendes Geräusch: Ein großer Dampfer steuerte geradewegs auf mich zu. Ich begann mit allen Kräften zu rudern und entkam seitlich dem Ozeanriesen, sonst wäre es mit mir zu Ende gewesen, und ich hätte mich nicht mehr um möblierte Zimmer und solcherlei zu sorgen brauchen.«

Noch zwei Tage und zwei Nächte schwankte Webers Boot auf dem Golf hin und her. »Was ich tagsüber mühsam rudernd vorwärtskam, wurde ich nachts zurückgetrieben, weil mir der Wind entgegenblies. Am dritten Tag war ich gänzlich erledigt. Die Seekrankheit, das erfolglose Rudern, dazu der schlechte Schlaf in dem kleinen Boot, hatten fast all meine Kräfte aufgebraucht.«

Doch als er die Entfernung bis Capri auf ungefähr einen Kilometer schätzen konnte, wurde er von der fast greifbaren Nähe und der Hoffnung, sich endlich auszuruhen und von der Seekrankheit zu erholen, dazu ermutigt, die ihm noch verbleibende Energie in einer äußersten Anstrengung einzusetzen.

Tatsächlich erreichte er diesmal das Ufer und streckte sich auf dem Strand bei den Bädern des Tiberius aus, wurde aber gleich aufgeschreckt, denn in unmittelbarer Nähe legte ein großes Ruderboot der Küstenzollwache an, das ihm offenbar gefolgt war. Er wurde von den Uniformierten festgenommen und an Bord gebracht, man nahm seinen kleinen Kahn in Schlepp, und die Mannschaft ruderte mit ihrem Häftling triumphierend zur Zollstation von Capris Marina Grande.

Und nun in Webers Worten: »Als wir dort anlangten, wurde mir bewusst – und es traf mich wie eine Offenbarung –, dass die Fotografie, die ich als Knabe in der Papierhandlung der Maximilianstraße in München gesehen hatte und die mir so unauslöschlich in Erinnerung geblieben war, genau der nördlichen Ansicht Capris mit Marina Grande entsprach.«

☙

August Weber, unser Großvater, war überzeugt, das Schicksal habe ihm Capri vorherbestimmt, und man versteht dieses Bewusstsein, wenn man den so irrational anmutenden Verlauf seines Lebens betrachtet. Auf Holzwegen und Irrfahrten blind taumelnd, entging er dennoch dem Absturz und fand sein Ziel, das er allerdings auch bei jener ersten Landung 1882 noch lange nicht erreicht hatte. Doch das ist eine Geschichte, die nicht hierhergehört.

Mit welchem Namen man die entscheidende Konstellation der eigenen Existenz bezeichnet – Schicksal, Fügung,

Prädestination –, hängt wohl von dem Glauben an eine überwirkliche, unser Dasein bestimmende Macht ab oder von einer philosophischen Auffassung bezüglich des irdischen Daseins. In Ermangelung des Glaubens an eine höhere Motivation kann man das Unerklärliche auch als Zufall abtun.

Wer weiß, wie Ernst Wiedermann, der Vater von uns vier Geschwistern, das Zusammentreffen von Umständen genannt hätte, die für den Verlauf seines Lebens ausschlaggebend wurden – wir Kinder waren noch zu klein, um ihn fragen zu können, und er ist so früh gestorben.

Er war 1896 geboren, Sylter mütterlicherseits und in Westerland aufgewachsen, wo sein Vater, der aus Weimar stammte, ein Hotel und einen Kaffeegarten besaß. Als Leutnant und mit dem Eisernen Kreuz Erster Klasse ausgezeichnet, kehrte er nach vier Jahren an der Kriegsfront nach Hause zurück, um dann 1924 die Kunstakademie in Berlin zu besuchen, an der er seine Begabung zum Maler weiterzubilden beabsichtigte.

In Berlin stieß er eines Tages auf eine Zeitungsannonce. Der Inserent mit Namen Josef Alterdinger, der sich als Kunstexperte und Lehrer für Malerei präsentierte, lud Studenten ein, unter seiner Leitung an einer Italienreise teilzunehmen, die durch sämtliche Kunststädte, von den Alpen bis Palermo, führen sollte.

Gemeinsam mit ungefähr einem Dutzend künstlerisch ambitionierter junger Leute stellte sich auch Ernst bei Alterdinger, einem charismatischen Typ mittleren Alters mit Samtbarett, vor. Jeder der Studenten zahlte seinen Beitrag ein, und die Gruppe machte sich frohgemut auf die Reise zu den Kunstschätzen Italiens. Der Mentor zog mit seinen Jüngern durch das schöne Land und dozierte kenntnisreich über alle Stilrichtungen, und schließlich erreichte man Neapel. Am nächsten Morgen sollte es weiter südwärts gehen zu den griechischen Tempeln in Sizilien und den normannischen Kirchen von Palermo, doch daraus wurde nichts, denn abends, beim Wein in der Osteria, eröffnete Alterdinger der Tafelrunde in schlichter Kürze, das Geld sei alle und nun solle jeder zusehen, wie er heimkäme.

Ernst telegrafierte nach Westerland und bat den Vater um eine Überweisung. Während der Wartezeit fiel auch ihm die unbekannte Insel im Golf auf, die August Weber »in so berückenden Konturen am Horizont« gesehen hatte, und er beschloss, kurzfristig hinüberzufahren – vernünftigerweise mit dem Dampfer und nicht in einem Ruderboot. Die Schönheit und Eigenart der Insel bezauberten ihn, er streifte umher, machte ein paar Skizzen und geriet schließlich an das abgeschiedene südliche Meeresufer, die Marina Piccola. Da es Abend geworden war, ließ er sich dort in einem eigentümlichen architektonischen Gebilde, das sich Strandpension nannte, ein Zimmer für die Nacht geben.

Er fuhr nicht, wie beabsichtigt, am Morgen zurück nach Westerland, sondern zehn Tage später; da hatte er sich inzwischen in Maria, Webers älteste Tochter, verliebt. Sie hatten sich verlobt und beschlossen, im kommenden Jahr auf Capri, im Kreise der Westerländer und der capresischen Familie, Hochzeit zu feiern.

Unseren Großvater und unseren Vater führte das Schicksal nach Capri. Wir vier Geschwister hatten durch die Mutter und ihre Verwandten zwar schon seit der Geburt eine starke Beziehung zu der Mittelmeerinsel, auch in unserem Fall waren es jedoch von unserem Willen unabhängige Umstände gewesen – nämlich die durch den Krieg bedingte Notwendigkeit, Sylt zu verlassen –, die bewirkten, dass wir jene Heimat verloren und uns Capri, wie von selbst, die neue und bleibende wurde.

Meine Begegnung mit Edwin Cerio, für den als Historiker, Architekten und Schriftsteller Capri lebenslang Inspiration und Domäne war, sowie die fünfzehn glücklichen Jahre unserer Gemeinschaft und Zusammenarbeit verbanden mich mit ihm und, noch stärker als zuvor, mit unserer Insel.

Heute bin ich die einzige Überlebende aus meiner Generation der Familie, und da ich nun auf eine ziemlich lange Vergangenheit zurückblicken kann, werde ich zuweilen gefragt, wie ich, in Erinnerung an frühere Zeiten, zu dem gegenwärtigen Capri stehe, ob ich mir die Insel meiner Kindheit zurückwünsche, ob ich inzwischen eingetretene Veränderungen als störend empfinde und damit Verluste beklage und was ich für sie erhoffe, sowie überhaupt, was sie mir jetzt noch bedeutet.

Capri ist durch seine mehrtausendjährige Geschichte, durch die Darstellungen in Kunst und Literatur und durch seine heutige Präsenz in den Kommunikationsmedien als glamouröses Ferienziel die in der Welt wahrscheinlich bekannteste Insel. – Eine sehr kleine Insel, und sie ist mit einem enormen Beiwerk an Vorstellungen behaftet, denen sie ihren Magnetismus und mit ihm auch ihre Gefährdung verdankt. Wie für jede begehrenswerte, gepriesene Lokalität der Erde ist auch für sie der Massentourismus eine belastende, aber unumgängliche Tatsache, mit der man sich arrangieren muss.

Capri und der Fremdenverkehr sind zu einem einzigen Begriff verschmolzen, und nur selten bedenkt man, dass diese heute nicht mehr wegzudenkende Einkommensquelle nicht älter als zweihundert Jahre ist. Die anfangs vereinzelten und zweifellos recht beherzten Reisenden, die sich übers Meer wagten und an der schroffen Küste der Insel landeten, waren gewissermaßen auch ihre Entdecker, denn es zeichnete sie nicht nur eine neugierige Abenteuerlust aus, viele von ihnen brachten Wissen, Erfahrung und verständnisvollen Forschergeist mit, die sie bei der Erkundung der Insel und ihrer Besonderheiten einsetzten. Andere frühe Besucher waren künstlerisch veranlagt und fühlten sich von der einmaligen Landschaft und der Grazie der Bevölkerung zu poetischen und malerischen Werken inspiriert. Die damaligen Prototouristen gaben also der Insel zum Dank für alles, was sie ihnen an Erlebnissen und Emotionen bot, auch etwas von sich zurück: Aufmerksamkeit, Einfühlung und Bildung.

Lange hielt sich daher die Behauptung, dass die Besucher Capris Menschen ausgesuchten Schlages wären, und für diese Überzeugung gab es zahllose Belege. Aber auch wer von den Fremden nicht zu den Künstlern, Ästheten, Wissenschaftlern oder sonst zu den Intellektuellen zählte, verhielt sich mit rücksichtsvollem Interesse für die Bevölkerung, erwanderte und genoss die Schönheit der Natur schonend und umweltfreundlich, trat höflich und unaufdringlich auf – kurzum: wusste sich zu benehmen.

Die Zeiten haben sich geändert und mit ihnen der Typ des Reisenden, und die Capresen, denen es sonst nicht an Einbildung und Überheblichkeit fehlt, sind sich bewusst geworden, dass sich auch ihre Insel nicht mehr auf die Exklusivität einer erlesenen Kundschaft berufen kann.

An der Marina Grande stieß ich unlängst auf Ciro, einen entfernten und mittlerweile alten Angehörigen meiner capresischen Verwandtschaft. Er saß im Menschengewühl auf einem Poller der Mole und sah sich die Leute an, und mehr hat er in seinem Leben eigentlich nie gemacht – es ist ja auch keine schlechte Beschäftigung, wenn man es sich leisten kann.

Zwei Fähren aus Sorrent und Neapel kurvten gerade in den Hafen, legten an, und die Tagesausflügler verließen die Schiffe, in Mengen drängelten sie über die Gangway und den Kai entlang, an dessen Ende sie sich in Gruppen zusammenscharten, die wie eine dickflüssige, klumpige Substanz um ihre jeweiligen Reiseführer gerannen. Diese waren schon zur Stelle, hielten Schilder mit den Namen der Reisegesellschaft hoch, und auf Zuruf zwängte sich jede der eingesammelten Menschentrauben in einen der wartenden kleinen Busse.

Ciro hatte diesen Ablauf verfolgt und zwischendurch,

teils mitleidig, teils grollend, »*Poveracci* …« gemurrt, was man mit »arme Schweine« übersetzen kann. Seine Ansichten zum Thema Massentourismus kannte ich längst, doch er ließ sich immer wieder auch in meiner Gegenwart äußerst wortreich darüber aus.

»Die absolvieren jetzt ein festgelegtes Programm, das irgendwelche Reiseveranstalter eines Konzerns ausgeklügelt haben – immer nach dem Prinzip: ›So billig wie möglich, die *poveracci* verstehen ja doch nichts.‹ Zuerst werden sie mit den Bussen nach Anacapri gefahren, dort hält man zum Shopping vor den Läden, mit deren Besitzern sich die Gesellschaften wegen des Anteils abgesprochen haben, und die Reiseführer kassieren von ihnen sowieso unter der Hand Prozente …« Ciro rieb Daumen und Zeigefinger aneinander, wie er überhaupt die Gewohnheit hat, was er sagt, zusätzlich mit Gesten zu unterstreichen. »Dann geht es in den Bussen zum Leuchtturm – es ist immer das Gleiche –, das Panorama kann man durchs Fenster bewundern, sieht alles im Sitzen und braucht nicht extra auszusteigen. Für San Michele wird sogar ein wenig Zeit eingeplant. Das muss unbedingt besichtigt werden, denn davon haben alle Touristen schon irgendwas gehört, und es liegt ja auch bequem erreichbar auf dem Rückweg von Anacapri. Dann noch schnell einen Abstecher zur Marina Piccola: Ein Blick auf das Meer und den Badestrand genügt. Die Fahrstraße wieder hoch, und nur, weil sie schon vor der Ortschaft Capri endet, halten die Busse und lassen die armen Leute aussteigen. Die müssen nun zu Fuß weiter. Der Reiseführer schleust sie über die überfüllte Piazza, und hat er ausnahmsweise jemanden dabei, der auf der Insel nicht nur herumfahren, sondern unbedingt ein Stück gehen will, dann führt er ihn immerhin bis zu den Gärten des Augustus, damit er die Kruppstraße wenigstens von oben zu sehen kriegt. Aber lieber ist es ihm allemal, wenn seine Gruppe wie in Anacapri noch etwas einkauft – klar, auch hier nur in den Läden, mit denen es Abmachungen gibt. Die Wanderung den Tiberiusberg hinauf zu den Ruinen der *Villa Jovis* steht nicht auf dem Programm – zu beschwerlich. Außerdem ist es inzwischen ein Uhr, da sollen die Leute sich beeilen und das vorgesehene Restaurant erreichen. Mit den Besitzern gibt es natürlich auch Absprachen, und sie empfangen nicht nur eine Reisegruppe am Tag, da muss alles schnell gehen.« Ciro wusste auch genau, was den Touristen vorgesetzt wird: nicht etwa die Capreser Spezialitäten, auf die sie vielleicht hofften, sondern oft genug von Catering-Diensten auf dem Festland vorbereitete Gerichte, die der Wirt des jeweiligen Restaurants nur noch aufzutauen hat.

»Ist das Essen erledigt, sammelt der Reiseführer seine Leute ein und lotst sie bis zur Terrasse von Tragara, damit sie von dort aus schnell noch die Faraglioni zu sehen kriegen. Und damit ist dann die Zeit rum, der Busfahrer wartet schon, und es geht zum Hafen. Die Blaue Grotte können die Tagesausflügler höchstens auf Postkarten am Anleger anschauen, bevor es schon wieder auf die Fähre Richtung Festland geht.« Ciro machte eine Kunstpause für den Schlusseffekt seiner Tirade, der auf mich weiter keine Wirkung hatte, weil mir nichts davon neu war: »Und was, denkst du, kostet heute jeden der *poveracci* so eine Sightseeing-Tour für einen Tag auf Capri? Ein Vermögen!«

Die Italiener sind Individualisten, daher untereinander immer uneinig, und bei den Capresen ist diese Charakteristik besonders ausgeprägt, daher divergieren ihre Meinungen auch in puncto Touristenschwemme. Einem Teil der Einwohner, der an den Reisegruppen verdient, sind sie hochwillkommen; alle anderen, zu denen auch mein weitläufiger Verwandter Ciro zählt und denen die Vorstellung einer elitären Kundschaft ihrer Insel angeboren ist, sehen in der Ankunft jeder vollgepackten Fähre die fatale Bestätigung, dass die *poveracci* von Capri Besitz ergriffen haben und die *forestieri di qualità,* also die wirklich interessierten Fremden, die der Insel, wie ihre frühen Besucher, auch etwas zu geben haben, verscheuchen werden.

Ich selbst – ich erwähnte es schon – mache mir seit jeher wenig aus Reisen, ich finde es viel lohnender und beglückender, mir mein Griechenland mit der Seele zu suchen als mit Billigflügen. Aber der Zeitgeist will eine mobile Menschheit, unentwegt auf der Suche nach neuen Zielen, die schöner, verlockender, sensationeller sind. Damit muss man sich abfinden und wird es auch auf Capri, ohne dass deshalb gleich von Niedergang und Verderben die Rede sein sollte.

Was hat sich an dem Capri meiner Kindheit geändert? Eigentlich fast nichts. Schon damals gab es nur drei Fahrstraßen, und mehr sind nicht hinzugekommen, die schönsten Wander- und Spazierwege verdient man sich, heute nicht anders als in der Vergangenheit, nur zu Fuß. Die beiden Esel mit den anspruchsvollen Namen Raffaello und Leonardo, die einst vor dem Quisisana angebunden warteten, um gehfaule Gäste des Hotels auf den Tiberiusberg zu befördern, haben keine Nachfolger gefunden. Auch die Pferdedroschken sind verschwunden, und eine beschränkte Anzahl Privatautos ist zugelassen worden.

»Du schönes Eremiteneiland Capri«, wie der Historiker Gregorovius 1853 die Insel verherrlicht hat, konnte man sie schon in meiner Kindheit nicht mehr nennen, und auch die Marina Piccola, die August Weber 1882, bei der Landung in seinem kleinen Boot, als unberührte »odysseische Landschaft« erschienen war, habe ich so nie erlebt. Die wesentliche Wandlung vom idyllischen Fischerdorf zum internationalen Reisemagneten hatte zu Beginn des Zweiten Weltkriegs längst stattgefunden, und seither ist trotz der vermehrten Einwohner- und Touristenzahl glücklicherweise zumindest äußerlich nichts hinzugekommen, das das vertraute Inselbild gravierend verändert hätte.

Was an neuen Häusern entstanden ist, musste den gesetzlich begrenzten Dimensionen gemäß errichtet werden, und da beinahe ausschließlich in den Ortschaften Capri und Anacapri und am Rande der Marina Grande gebaut wurde, fügen sich die neuen Gebäude recht unauffällig in die Gesamtansicht der Insel ein.

Im Vergleich zu platten, horizontalen Gegenden, wie zum Beispiel meiner ersten Heimat Sylt, wo jedes etwas höhere Bauwerk zum Himmel aufragt und unliebsam ins Auge sticht, kann man sagen, dass Capri Glück hat: Mit den wenigen zugelassenen neuen Häusern sind so ziemlich alle Baumöglichkeiten erschöpft worden, denn die kleine Insel besteht fast gänzlich aus schroffem, zerklüftetem Kalkgestein, das sich vertikal erhebt und teilweise sogar über den Meeresabgrund hängt, und kein Ferienort-Bauspekulant wird je die Genehmigung bekommen, eins seiner schrecklichen Wellnesscenter oder vielstöckigen Apartmenthäuser an die schwindelnd steil aufragenden Felswände zu kleben.

Erfreulicherweise hat der Fortschritt zumindest eine gute Begleiterscheinung: Betrachtet man die ersten, ungemein stimmungsvollen Fotos, die der neapolitanische Fotograf Luigi Guida um 1875 machte, fällt auf, wie steinig, kahl und streckenweise nackt die landschaftlichen Inselpartien im Gegensatz zu dem üppigen Pflanzenwuchs wirken, der heute überall, auf Hängen, in Schluchten und auch auf den trockensten, erdlosen Felsbrocken, sprießt. Kein Wunder, denn bis Ende der Vierzigerjahre war Holzkohle der einzige Brennstoff der Capresen, und es gab auf der Insel verstreut etliche heimliche Köhlereien, in denen die Büsche und Sträucher der *macchia,* des Buschwalds im Mittelmeerraum, zu Holzkohle verbrannt wurden – nämlich die vielen aromatischen Essenzen wie Myrte und Rosmarin, Thymian und Mastixstrauch, Lorbeer, Pinien und Wacholder. Das war natürlich gesetzwidrig und den Carabinieri bekannt, die jedoch ein Auge zudrückten, weil sich die Bewohner damals keinen anderen Brennstoff beschaffen konnten.

Nun heizt und kocht man längst mit Propangas, das in Flaschen eigens von einem wöchentlichen Schiff aus Neapel nach Capri transportiert wird – horrend kostspielig für die Inselbewohner, aber gut für die prächtig gedeihende *macchia*.

❦

Auf Capri werden von kulturellen Institutionen, von der Gemeinde, von der Kurverwaltung und anderen Einrichtungen den Besuchern und den Einwohnern unterschiedliche Veranstaltungen – Ausstellungen, Vorträge, Konferenzen, Theateraufführungen – geboten, und im Herbst, am Ende der Saison, setzt dann der »Kongress der italienischen Industriellen« im Hotel Quisisana einen von den Medien sehr beachteten, ökonomisch-mondän-kulturellen Schlusspunkt hinter alle Darbietungen des Jahres, und die Insel sinkt in den Winterschlaf.

Diese Vorführungen und Treffen sind gewiss verdienstvolle Bemühungen, ordentlich und voraussehbar, aber es fehlt ihnen an Pfiff, an dem schwer zu definierenden Etwas, das eine Veranstaltung aus der biederen Allgemeinheit heraushebt und ihr die Grazie eines Events beschert.

Aus der Zeit nach dem Ersten Weltkrieg, der *roaring twenties,* als Edwin Cerio Bürgermeister war und eine kleine Kolonie meistenteils ausländischer Künstler das Inselmilieu mit ihren schnurrigen Einfällen moussierend belebte, hat sich in der Lokalchronik die Erinnerung an einige jener begnadeten Zusammenkünfte bewahrt. So zum Beispiel an die »Orgie zum Todestag von Tiberius«, die zum ersten Mal 1923 an den Iden des März in der Osteria Da Costantina stattfand. Die Gäste erschienen zu dem üppigen Leichenschmaus entsprechend angetan, die lorbeerbekränzten Köpfe mit einem Zipfel der schwarzen Toga verhüllt, wie der englische Schriftsteller Francis Brett Young in seiner Trauerrede – einem langen Gedicht – uns überliefert hat:

»Now let us weep with black cloaks round our head
That our great saint and emperor is dead ...«

Einer der einfallsreichsten Köpfe unter den Künstlern und Literaten, die in diesen Jahren das gesellschaftliche und kulturelle Leben der Insel aufmischten, war F. T. Marinetti, der als Begründer des Futurismus in der Kunst einen international bekannten Namen hat. In seinem futuristischen Furor, mit allen Traditionen brechen zu müssen, vor allem mit der Gefühlsduselei der verpönten Romantik, inszenierte er eines Nachts im Parco Augusto unter dem Sternenhimmel und der Parole »*Ammazziamo il chiaro di luna*« – »Töten wir den Mondschein« – vor einem tobenden Publikum von Anhängern und Widersachern ein unvergessenes Spektakel.

In der kurzen Zeitspanne zwischen den zwei Kriegen fanden sich unter einer besonders glücklichen Konstellation begabte, fantasievolle Menschen zusammen, die dank ihrer originellen Persönlichkeit und ihrer Lust, sich einzusetzen, auf Capri den Ton angaben. Sternstunden sind bekanntlich Ausnahmen, aber selbst wenn sich gegenwärtig auf der Insel keine solche anzukündigen scheint, wäre ich doch dafür, hier auf das in vielen Ferienorten gängige banale Entertainment zu verzichten.

Der im vorhergehenden Kapitel angeführte Caprese Riccardo, der beruflich mit Büchern und in seiner Freizeit mit den Göttern der Antike zu tun hat, vertritt dazu Ansichten, denen ich nur beipflichten kann: Was man für die Besucher Capris auch an leichten oder anspruchsvollen Darbietungen veranstaltet – es sollte sich so viel wie möglich der landschaftlichen Einmaligkeit der Insel bedienen, ihrer Schönheit wie ihrer Schrecknisse, ihres Zaubers, ihrer Anmut wie auch Unnahbarkeit. Meer, Grotten, Schluchten, Felsen, Abgründe müsste man zur Atmosphäre und zum Dekor auswerten, überhaupt die ganze Natur der Insel, sozusagen als Hauptdarsteller, in die Vorgänge einbeziehen.

Als vor einigen Jahren das Problem mit der Pinie aufkam, lieferte Riccardo ein praktisches Beispiel für seine theoretischen Ausführungen: In einer Spalte auf dem Scheitelpunkt des Arco Naturale, dem riesigen zerklüfteten Felsenbogen mit der schimmernden Meerpupille in der steinernen Augenhöhle, der sich hoch über der steil abfallenden östlichen Küste erhebt, hatte eine Pinie Wurzeln geschlagen. Der vorläufig noch schwache Spross drohte, sich zu einem robusten Baumstamm auszuwachsen und mit der Beihilfe von Hitze, Regen und Frost unweigerlich das ohnehin leicht abbröckelnde Kalkgestein auseinanderzubrechen. Das musste verhindert werden, und überhaupt war es wegen der seit Langem vernachlässigten Konservierung nicht nur des Arco Naturale, sondern auch seiner nächsten Umgebung an der Zeit, gründliche Arbeiten zur Instandsetzung auszuführen, die schwierig, kostspielig und wegen der Höhe der schwer erreichbaren Felsenpartien auch gefährlich sein würden. Als von der Gemeindeverwaltung das übliche Lamento ertönte, guter Wille sei reichlich vorhanden, aber kein Geld, verfiel Riccardo auf die Idee, eine Spendenaktion zu initiieren, um die benötigten Mittel aufzutreiben.

Für seine Performance mit dem gut getroffenen Titel »Una freccia per l'arco« – »Ein Pfeil für den Bogen« – boten ihm sofort zwei Freundinnen bereitwillig ihre Mitarbeit an. Die beiden jungen Französinnen waren als bewundertes Artistenduo mit ihren Vorführungen bekannt geworden, bei denen die akrobatischen Kunststücke der einen von der Partnerin mit Flötenspiel untermalt wurden.

Für die zahlreichen gebannt den Atem anhaltenden Zuschauer boten die beiden eine aufregende Show, die einen fast nicht zu ertragenden Nervenkitzel erzeugte: An einem sieben Meter langen Rohr kreiselnd, schwang sich die grazile Gestalt der Ersten empor, turnte in der Luft, glitt mit burlesker Pantomime ab, um in blitzschneller Folge sofort von Neuem hinaufzuschnellen, federnd einen Absturz zu markieren und sich schon wieder hoch oben zu wiegen. Das dünne, lange Requisit schwankte und wippte und vibrierte über dem Abgrund, und die Akrobatin schnellte als wendige mobile Pfeilspitze auf die mit Meerblau gefüllte Augenhöhle des Felsenbogens zu, hin und zurück, wieder und wieder, ein Schabernacktanz über der Leere. Das Publikum, angespannt und bangend, die Köpfe gereckt, war vollkommen verstummt und reglos, während das verhaltene Flötenspiel der Zweiten mit seinen kaum hörbaren Tonschwingungen verführerisch den leisen Schrecken begleitete.

»Gott sei Dank ist nichts passiert!«, entfuhr es Riccardo, als die junge Artistin unter begeisterten *Bravissima*-Rufen auf festen Boden zurückkam; er hätte sich die Vorführung nicht so waghalsig vorgestellt und bei dem Anblick richtiggehend Herzklopfen bekommen, gab er zu. Jedenfalls entschädigten ihn Applaus und Lob für die ausgestandene Angst, denn die Spendenaktion hatte offenbar besten Erfolg gehabt.

Die Initiative wurde dann ein beliebtes Gesprächsthema an den Badesträndern, in Cafés und wo sonst Capresen und Touristen zusammenkamen. Doch inzwischen sind ein paar Jahre verstrichen, vonseiten der Gemeindeverwaltung hat sich nichts getan, und während ich dies hier schreibe, wächst die Pinie munter weiter. Ach, Capri …

Capri endlos

D er deutsche Schriftsteller Humbert Kesel destillierte seine lebenslange Passion für Capri in dem ausgezeichneten Buch *Capri, Biographie einer Insel,* seinem erfolgreichsten, ohne sich auf diesen Liebestribut zu beschränken. Obwohl als Altertumswissenschaftler ein Autodidakt, verfasste er auch eine vorbildlich recherchierte Abhandlung, in der die ganze bekannte Dokumentation der *Antiken Texte, Inschriften und Beiträge zur Geschichte der Insel Capri im Altertum* enthalten ist, die von Fachleuten als grundlegend angesehen wird. Das, um nur zwei seiner wichtigsten literarischen Werke zu erwähnen, er schrieb noch vieles andere.

1899 in Neapel geboren und weit in der Welt herumgekommen, hatte er sich immer wieder nach Capri, seinen Sehnsuchtsort, geflüchtet, wenn es die oft schwierigen Lebensumstände erlaubten, weil er sich hier, in der geistigen Inselheimat, glücklich fühlte. Er ist kurz vor seinem hundertsten Geburtstag gestorben.

Wir waren über fünfzig Jahre befreundet, eine aus Zuneigung und gemeinsamen Vorlieben zusammengeschmiedete Beziehung mit regelmäßiger Korrespondenz und ge-

genseitigen Besuchen, sooft sich die Gelegenheit bot. Er war sehr bescheiden, etwas schüchtern, und seine hochgradige Bildung ließ er sich nicht anmerken, dazu besaß er, trotz seiner eher melancholischen Natur, einen entzückenden, ungemein drolligen Humor. Ich fand die Unterhaltungen mit ihm über jedes Sujet sehr anregend, aber wo wir uns auch trafen und welche Angelegenheit wir auch diskutierten, unweigerlich kamen wir davon ab, um stattdessen über ein Capri betreffendes Thema zu sprechen. Und jedes Mal seufzte er mit gespielter Verzweiflung: »Capri und kein Ende …«

Ich weiß, was er damit meinte – es gibt auf dieser Insel immer noch etwas Neues zu entdecken, deshalb ist es schwer, einen Endpunkt zu setzen, wenn es um sie geht. Aber ein Buch muss einen Abschluss haben – selbst eins über Capri. Ich lasse mir von August Weber dabei helfen.

Nach seinem mühevollen Anlauf zum Glück, das er auf Umwegen erreichte, die er nur aufgrund seiner eigenen komplexen Natur bewältigt hatte, war der inzwischen fünfundvierzigjährige August Weber auf Capri durch seine Ehe mit Raffaela und den Bau der Strandpension endlich am Ziel. In den vielen folgenden Jahren, in denen ihm beschieden war, so zu leben, wie er es sich immer gewünscht hatte, im Einklang mit der Natur und den Menschen, gab es nur ein Mal eine schmerzhafte Zäsur.

Als an sich am politischen Geschehen nicht übermäßig interessierter Mensch, aber zutiefst überzeugter Pazifist, hatte er schon lange die Anzeichen des Konflikts und vor allem das Säbelgerassel Wilhelms II. mit wachsender Beunruhigung verfolgt und es, wie es seinem Lebensgefühl und seiner Ausdrucksweise entsprach, in Spottversen, Aphorismen und Fabeln angeprangert. In München unter den Wittelsbachern geboren, die zwar ziemlich verrückt, aber nicht sehr martialisch auftraten, war ihm das militante Gehabe des deutschen Kaisers fremd und zuwider.

Als der Erste Weltkrieg dann ausbrach – wie er in seinen *Erinnerungen* schrieb: »jene unsagbare Katastrophe: ein Weltkrieg, von der Torheit Weniger ausgelöst« –, blieb er auf Capri als Deutscher anfangs unbehelligt. Doch 1916, nach der Schlacht von Caporetto, änderte sich die Stimmung in Italien, die Schmach der erlittenen Niederlage löste eine affektgeladene Reaktion aus, und das Volk forderte Vergeltung für den gedemütigten Nationalstolz. Deshalb wurde die Internierung aller längs der italienischen Küsten wohnhaften feindlichen Ausländer – der Deutschen und Österreicher – mit der Begründung befohlen, diese würden Spionagedienste leisten und den im Mittelmeer kreuzenden deutschen Unterseebooten Signale und kriegswichtige Informationen vermitteln.

Über dem nichts ahnenden August Weber braute sich Unheil zusammen. Alles Militärische rutscht ja leicht ins Lächerliche ab, traf es aber auf einen Menschen wie ihn, war die absurde Note unausbleiblich. Schon einmal, bei jener ersten Landung auf Capri, war er als Spion verdächtigt worden und ins Visier der Obrigkeit geraten, außerdem wohnte er dicht am Meer, in bester Position, um die Kriegsmarine Wilhelms II. mit strategischen Informationen zu bedienen; dieser Weber passte also genau ins Feindbild, musste man sich im Kriegsministerium gesagt haben.

Vielleicht goss Weber gerade einen seiner Sinnsprüche in Zement oder schmauchte auf der Terrasse seine tägliche Zigarre, den »*mezzo toscano*«, bestimmt jedenfalls wird er beim Erscheinen der drei Carabinieri mit dem Auftrag, ihn als feindlichen Ausländer abzuführen, aus allen Wolken gefallen sein.

Durch den Schock, dass man ihn, den Pazifisten und Wahl-Capresen seit fast vierzig Jahren, als einen Feind und eine Bedrohung ansehen konnte, geriet die arglose Ruhe, in der er bisher gelebt hatte, aus den Fugen. Während der Zeit seiner Internierung in einem winzigen Bergdorf bei Benevent überstand er die Trauer um die Kriegsgeschehen, die Sorge um die auf Capri zurückgebliebene kranke Raffaela und die eigene entbehrungsreiche Einsamkeit, indem er mit Fabeln und Parabeln den Völker mordenden Wahnsinn des Krieges entlarvte.

Zu Friedensschluss ließ man ihn nach Capri zurückkehren. Er nahm sein gewohntes Leben wieder auf, aber im Grunde seiner Seele bewahrte er das dunkle Wissen von der immer möglichen Vertreibung aus dem Paradies.

Es blieben ihm noch zehn ruhige, erfüllte Jahre, in denen er mit Nonsens-Versen, Aphorismen und Geschichten die Capresen und die Gäste der Strandpension unterhielt und in der täglich von ihm verfassten und mit Gummitypen gedruckten Zeitung, die in einem einzigen Exemplar erschien, das er hinauf zur Piazza trug, seine Überzeugungen als Naturfreund und Vegetarier verfocht.

In einem Dreizeiler machte er seine Lebensbilanz:

>>Liebe ist das allerbest
Schon seit alter Zeit gewest.
Wenig geb ich für den Rest.<<

Nach einer erfolglosen Operation in Neapel überquerte August Weber wiederum den Golf, aber nicht in dem kleinen Kahn, der ihn vor fünfundvierzig Jahren wie eine Wiege zur Insel geschaukelt hatte – die endgültige Fahrt nach Capri machte er im Sarg.

In seinem kurzen Lebensrückblick schreibt er am Ende:
>>Ich habe dreißig Paar selbst genähte Stoffschuhe für mich angefertigt, so spare ich 100 Lire, die mich Schuhe aus Leder kosten würden[,] und schone das Leben der Tiere.

Seit 1900 veröffentliche ich *Laokoon,* eine capresische illustrierte Zeitung, die täglich in einem Exemplar erscheint und in einem kleinen Rahmen im viel besuchten Café Morgano ausgestellt wird. Unvorstellbar, dass mir so was in Neapel, Rom oder München möglich wäre!

Bella Capri, die du liebevoll deine Arme geöffnet hast mir, dem gescheiterten Künstler, dem verspotteten Naturmenschen, der von seiner Familie verachteten tauben Nuss – bella Capri, ich danke dir von ganzem Herzen.<<

Inhalt

Insel Capri

GOLF VON NEAPEL

P. Gradola

Grotta Azzurra

Bagni di

Villa Imperiale
Romana di Damecuta

Torre Damecuta

GRADOLA

Villa S. Michele

Casa
Bar
(rov

ORRICO

Staz.
Inferiore

Casa Orlandi

Casa Rossa

S. Michele

Stazione
Ornitologic

S. ta Sofia

S. Maria a Costantinopoli

ANACAPRI

Cala del Lupinaro

CAPRILE

Rio della Cesa

Rio Latino

MESOLA

MATERITA

Monte S. M.

S. Maria
a Cetrella

Torre di Materita

Fortino (rov.)

Cala di Mezzo

Antichi Pozzi

589

Staz. Superiore

Monte Solar

MIGLIERA

Cala del Tombosiello

P. d

LIMMO

Cala Marmolata

P. Ventroso

Cala
Spravata

P. Carena

Faro Punta
Carena

0   500   1000   1500 m